서울에서
놀이터가

다
사라져도

서울에서 놀이터가 다 사라져도

일곱 여성이 일기를 돌려 쓰며 기록한 도시 생존 에세이

초 판 1쇄 2025년 08월 26일

지은이 누아르박, 도리, 강히로, 김세라, 희조, 안기원, 권현재
펴낸이 류종렬

펴낸곳 미다스북스
본부장 임종익
편집장 이다경, 김가영
디자인 임인영, 윤가희
책임진행 김요섭, 이예나, 안채원, 김은진

등록 2001년 3월 21일 제2001-000040호
주소 서울시 마포구 양화로 133 서교타워 711호
전화 02) 322-7802~3
팩스 02) 6007-1845
블로그 http://blog.naver.com/midasbooks
전자주소 midasbooks@hanmail.net
페이스북 https://www.facebook.com/midasbooks425
인스타그램 https://www.instagram.com/midasbooks

ⓒ 누아르박, 도리, 강히로, 김세라, 희조, 안기원, 권현재, 미다스북스 2025,
Printed in Korea.

ISBN 979-11-7355-375-2 03810

값 19,000원

※ 파본은 구입하신 서점에서 교환해드립니다.
※ 이 책에 실린 모든 콘텐츠는 미다스북스가 저작권자와의 계약에 따라 발행한 것이므로 인용하시거나 참고하실 경우 반드시 본사의 허락을 받으셔야 합니다.

미다스북스는 다음세대에게 필요한 지혜와 교양을 생각합니다.

누아르박
도 리
강 히 로
김 세 라
희 조
안 기 원
권 현 재

일곱 여성이
일기를 돌려 쓰며 기록한
도시 생존 에세이

서울에서
놀이터가

다
사라져도

미다스북스

프롤로그 (008)

저자소개 (012)

첫 번째 일기

도시 아이들

서울살이들의
도시 삶에 대한
단상과 기록

1. **한강에 살어리랏다** |누아르박 (019)
2. **샤머니즘의 도시** |김세라 (026)
3. **모래로 만들어진 서울** |희조 (033)
4. **서울에서 단골이란** |안기원 (041)
5. **탕후루와 인생네컷, 그리고 곱창** |도리 (049)
6. **엿듣기** |누아르박 (056)
7. **니가 사는 그 집, 그 집이 내 집이었어야 해** |희조 (064)
8. **길어야 7분** |도리 (070)
9. **도시의 스포츠, 필라테스** |강히로 (077)
10. **버스 창가 자리에서 보낸 계절** |안기원 (086)
11. **뉴욕 외노자의 하루** |권현재 (094)

두 번째 일기 — 놀이터

낭만의 장, 놀이터

삭막한 도시에도 도저히 낭만을 놓을 수 없는 자들

1. **균형은 결코 대칭이 아니다** | 희조 (107)
2. **AI 애인과 사랑할 수 있을까** | 누아르박 (117)
3. **놀이터를 만들었다** | 김세라 (126)
4. **기타 치는 베짱이가 부러운 개미** | 도리 (136)
5. **변호사의 교환 일기** | 안기원 (143)
6. **고도로 발달한 클럽은 명상과 같다** | 권현재 (151)
7. **와인 바 말고 닭한마리에서 만나** | 누아르박 (158)
8. **배달 앱을 지웠다** | 강히로 (165)
9. **죽을 뻔했어도 운전대는 놓을 수 없어** | 권현재 (174)
10. **바로 어제 일도 기억이 안 날 땐** | 도리 (180)
11. **부암동의 일일** | 김세라 (186)

세 번째 일기

어른이 타는 그네

울고 웃으며
조금씩 알아가는
어른으로서의 삶

1. 깻잎은 30대 여성을 피임하게 만든다 |권현재 (197)
2. 나 완전 망했네 |강히로 (201)
3. 눈을 감으면 공포 영화가 시작됐다 |도리 (210)
4. 아틀란티스 |누아르박 (222)
5. 미움, 성가시고 고된 |안기원 (231)
6. 코끼리는 잊지 않는다고 한다 |희조 (241)
7. 한 치 앞도 모를 땐 딱 한 치 미만만 보고 |김세라 (249)
8. 그네에서 잘 내리는 방법 |권현재 (255)
9. 비타민계의 에르메스 주세요 |강히로 (263)
10. 묘비명은 뭐로 할래? |김세라 (270)
11. 기꺼이 찧는 엉덩방아 |안기원 (275)

에필로그 (284)

프롤로그

쉽사리 위로받고 싶지 않은 요즘이다. '서른 살에 1억도 못 모은 당신이어도 괜찮다.'처럼 광범위한 공감 혹은 불안을 조장하는 SNS 게시글이나, 몇 년 만에 만난 동창의 '걱정 마. 너도 곧 좋은 사람 만날 거야.' 같은 애매한 격려는 조금도 도움이 되지 않는다. 그보다는 깊은 생각거리를 던져주고 일상을 밀도 있게 돌아보게 하는 문장이 고프다. 각자의 어둠을 헤치고 나와 이제는 담담하게 인생의 한 시점을 항해 중인 사람들은 대체 어떤 말을 듣고 어떤 글을 읽어야 할까? 마냥 위로의 대상이 되고 싶지는 않은, 그저 제 나름의 고민을 곱씹으며 찬찬히 나아가는 사람들은 말이다.

그런 고민을 안고 저자 누아르박은 위스키를 무기 삼아 지인들을 인터뷰하기 시작했다. 때마침 코로나 시기라 여러 명이 모여 와자지껄 술을 마시는 대신 일대일로 커피를 마시거나 독주를 홀짝였다. 두 사람이 대화 속으로 진득히 침잠하고 겁없이 회고하기에 더할 나위 없이 적절한 시기였다. 누아르박은 친한 친구들을 다시 보았고, 그들의 지인들에게까지 마수를 뻗쳤다. 누군가는 알찬 삶을 살아가는 듯하면서도 속은 야릇하게 곪아가고 있기도 했고, 누군가는 잔뜩 얽힌 생각 타래를 온라인에 털어놓고는 현실에서는 티 없이 즐거운 나날을 보내고 있기도 했다. 이 복잡한 여자들이 참으로 흥미로웠다. 직장, 가족, 친구, 건강 등 다양한 영역에서 의사 결정을 내리고 그에 대해 오롯이 책임을 져야 하는 서른 즈음의 시기에 도달한 그들의 사유와 고민을 조금 더 상세히 목격하고 싶었다. 그래서 누아르박은 함께 글을 쓰자고 보석 모으듯 사람을 모았다.

일곱 명의 사람이 매달 모여 글을 썼다. 일에서의 동기 부여, 질투의 대상, 길티 플레저 결혼관, 지배적인 감정, 소비 패턴, 지나고 보니 깨달은 것 등, 온갖 주제에 대해 갈급함에 가까운 감정으로 글을 쏟아냈다. 열심히 공부하고 알차게 성취하며 살아온 사람들이 머리를 맞대며 글을 쓰면 행복과 평온함에 관한 정답을 찾을 수 있지 않을까 기대하기도 했다. 하지만 우리가 글을 쓰며 내린 결론은 How(어떻게)에 대한 현명한 합의란 없다는 것이었다. 일도 취미도 알차게 누리며 살아도 공허할 수 있다. 무엇 하나 일어나지 않는 일상에 미친 듯한 권태를 느끼다가도 레몬 나무의 이파리를 닦으면서 충만하게 행복해질 수 있다. 멋진 삶을 기대하며 시작한 타지 생활 중 덜컥 우울증에 걸려버리기도 한다. 한마디로 '내 인생 지금 너무 마음에 들어.'라고 확신에 차서 말하는 사람은 아무도 없었다. 그저 모두가 그 위태로운 혼란 속에서 각자만의 균형을 찾으려 애쓰고 있었다.

그럼에도 확신한 것이 하나 있었다. 글을 쓰고, 나누고, 연대하는 순간만큼은 순수하게 즐겁다는 것. 삶이 지친다는 글을 쓰면서도 그에 대해 쓰고 있다는 사실에 고양감을 느꼈다. 그리고 그 잠깐의 웃음 어린 틈이 다시 한번 생을 살아갈 힘을 주었다. 수년간 에세이 모임을 진행하면서 일곱 명의 작가진에게는 서울 출신이라는 것 외에도 공통점이 생겼다. 질 높은 삶과 정신적 평온을 향한 발버둥 과정에서 성숙을 핑계로 해져 가는 건 어쩔 수 없겠지만, 기록하며 반추하는 낭만을 놓치지 않는 사람이 되기로 했다. 어릴 적 흙바닥을 뛰놀던 아이들은 이제 아스팔트 위에서 무정한 삶을 버텨야 한다. 행복으로 가는 고속 열차는 없으므로 아마 그 버팀은 길고 지난할 것이다. 그 속에서 때때로 반짝이고 웃기 위해 글을 쓸 것이다. 우리는 우리만의 놀이터를 찾을 것이다.

저자소개

누아르박

에세이 클럽을 시작한 빅테크 회사원. 낮에는 인공지능 사업 개발을 하며 인간의 미래를 걱정하고, 밤에는 음악 활동과 글쓰기에 몰두하며 불안함을 잠재운다. 향수와 종이책을 좋아하고 해산물을 못 먹는다.

위스키와 지적인 여자들의 조합에 매료되어 출판 프로젝트를 벌인 장본인으로, 실제로 책이 나온다는 사실이 놀랍기만 하다. 이제 슬슬 팀을 꾸리고 사람을 관리해야 하는 연차가 되어 두려워하고 있다.

눈부심이 심해 선글라스 없이는 외출이 불가하다.

강히로

생각의 스위치를 끄지 못하지만, 그 덕에 십 년 가까이 브랜딩 일을 해왔다. 사람과 삶에 대한 호기심이 모든 것의 원동력이다. 잡다한 생각을 나누고 싶어 글쓰기와 독서를 핑계로 진지한 대화를 나눈다.

제철 식재료에 열광하는 마트 덕후이자, 성장이 더딘 테친자다. 현생의 쫄보력을 극복해 언젠가 무적의 히어로가 되기를 꿈꾼다.

쫀 걸 들키지 않기 위해 무표정을 고수한다.

김세라

본업은 IT 스타트업 팀장, 부업은 가수. 궁금한 것은 참지 못하고 다 해봐야 직성이 풀리는 노빠꾸 기질을 보이다가도, 때때로 모든 것에 존재론적 의미를 찾아 헤맨다.

운명, 죽음, 행복, 쾌락 등 인간의 본질적인 고민 앞에서 한없이 작고 소박해지는데, 그래서인지 'K 장녀', '애늙은이', '금강불괴' 같은 키워드로 불린다.

너무 멀리 보기보단 당장을 즐기려 한다.

희조

운동을 좋아하고 운동을 가르친다. 먹고 살기 위해 ENFP가 되었지만 사실은 집에 혼자 가만히 누워 있는 게 제일 좋은 집순이. 제일 싫어하는 말은 '그럴 수도 있지.'
제일 무서운 건 사랑하는 사람들한테 잊히는 거. 제일 좋아하는 건 누군가를 혹은 무엇인가를 열렬히 사랑하기. 사랑 없이는 인생도 없어!

이목구비가 동글동글해서 누아르박에게 오래도록 '빵'이라고 불리고 있다.

안기원

한때는 소설을 달고 살던 문학소녀였는데, 어느새 밤낮으로 계약서만 들여다보는 변호사가 되었다. 인생의 반을 미국에서 보냈지만 '유학생'이라는 정체성이 왠지 싫어 누구보다 한국인화(?)에 열심이다.

걱정도 겁도 많은 것에 비해 머리만 대면 잠들고 입맛은 항상 좋아서, 스스로가 복잡한 사람인지 단순한 사람인지 헷갈린다. 아무것도 아닌 일에 쉽게 행복을 느끼는 큰 행운을 타고났다.
요즘은 경복궁을 두 바퀴씩 뛰는 것으로 하루를 연다.

서울에서 놀이터가 다 사라져도

도 리

대기업 홍보팀 9년 차 직장인. 홍보가 업인 만큼 글이라면 자신 있지만, 내 이야기를 쓰는 것은 여전히 낯설고 부끄럽다.

숙취와 함께 아련해진 전날의 깊은 대화와 일기장 속 끄적임을 책으로 엮어낼 용기를 준 건, 얼마 전 태어난 귀여운 나의 딸 루리. 이제 당분간은 없을 음주가무, 철학적 혹은 현학적인 고민, 무엇보다 나만의 시간을 이 책에 묻어두며, 엄마라는 새로운 챕터를 열어본다.

최근 화려한 과거(?)를 청산하고 육아 공부에 매진 중이다.

권현재

현직 뉴욕 외노자. 막연히 서른 살에 뉴요커가 되고 싶어 뉴욕으로 거처를 옮겼다. '언제까지 뉴욕에 있을 거야?'라는 질문에는 n 년째 어깨를 으쓱하며 가시거리가 짧은 삶을 사는 중.

몸으로 하는 취미만 다섯 개에 실내를 답답해하는 성격 때문에 보더콜리로 통한다. 어디서나 잘 자는데 특기였는데 나이가 들며 얕아지는 잠에 걱정이 늘어가는 중. 때로는 N들의 망상력을 부러워하며, F의 공감력을 배우러 노력 중이다.

"서운해!"라는 말을 밈처럼 사용한다.

첫 번째 일기

도시 아이들

서울살이들의
도시 삶에 대한
단상과 기록

"소담하고 젊은 촛불 같이 약이도, 제 역할을 묵묵하게 해내는 형광등 같은 사물내기든. 때론 점멸하다 깨지더라도 이 도시는 변함없이 흐를 것이다."

1. 한강에 살어리랏다

내가 서울로 돌아온 이유

지독하다고밖에 표현할 수 없는 야근을 마치고 회사 건물 앞에 섰다. 새벽 두 시가 넘어가는 시간임에도 많은 창문에 불이 들어와 있었다. 회사 앞 버스 정류장에는 와이셔츠 차림의 남자 두 명이 담배를 피우며 밤을 견뎌내고 있었다. 목에 걸고 있던 회사 출입증을 둘둘 감아 가방 속에 넣는데 문득 입에서 쇠맛이 났다. 집중하느라 혀를 깨물었는지 피가 조금 배어 나온 것이다. 그렇게 중요하지도 않은 프로젝트에 열을 올리며 야근을 하다가 이런 꼴이 된 게 조금 우스웠다. 그리고 생각했다. 오전 2시 20분, 한 손엔 노트북, 한 손엔 택시를 애타게 호출하는 휴대폰을 들고 검은 로퍼를 구겨 신은 채, 불 켜진 고층 빌딩을 등지고 서 있는 나야말로 진정한 도시인이라고.

도시인이란 뭘까. 아는 나무 종류를 말해보라 하면 서너 개에 그칠 것이다. 가방에 나방이라도 붙으면 그야말로 질색팔색을 할 테고. 택시에 타면 대화를 차단하기 위해 일부러 쌀쌀맞은 말씨를 쓰기도 해야 하고, 꽉 끼어 타는 지하철에서 누군가가 가방으로 어깨를 가격하는 것 정도는 의연하게 넘길 줄 알아야 한다. 불특정 다수의 험한 얼굴들을 향해 허리를 숙이는 번화가 편의점 알바생들은 작은 동네 구멍가게 아저씨의 여유로움을 이해할 수가 없다. 도시에서는 누구든 무언가 하고 있다. 그게 절망이더라도. 그래서일까. 도시 사람들은 자주 도망을 치곤 한다. 해외로, 제주도로, 화면 속으로.

나 또한 떠났었으나, 결국은 돌아왔다. 애타게 그리워하다가.

몇 년 전 일본으로 이직을 했었다. 산책이 취미인지라 해질녘이면 긴자역 주변을 이어폰과 운동화로 무장한 채 자주 걸었다. 일본 생활에 있어서 나의 가장 큰 불만은 좌측 통행도, 한아름 들고 다니는 동전도 아닌, 도쿄에 강이 별로 없다는 사실이었다. 지하철을 타고 조금만 나가면 금방 바다가 나오고 도시 곳곳에 작은 개울 크기의 강이 있긴 하다. 그러나 도시를 관통하며 흐르는, 건너편에 또 다른 생활권이 펼쳐진, 둔치에서 사람들을 만나는, 누구나 멍하니 서서 석양과 일출을 볼 수 있는, 한마디로 한강 같은 강은 도쿄에 없다. 외국에 나가 살면서 깨달은 바인데, 한강은 여러모로 평범하지 않다. 보통 한강 정도로 넓은 폭의 강은 두 도시를 가르는 방해 요소에 가까운 지형물 취급을 받지만, 서울시는 강남과 강북을 잇는 다리를 스무 개 이상이나 건설하면서까지 한강을 가운데 두고 하나의 도시로 발전했다. 지금의 모습으로 개발되기 전까지 한강은 서울 사람들의 물놀이 장소였다. 1970년대 초반까지는 넓은 백사장이 있어 여름만 되면 40만 명이나 되는 사람들이 몰렸다고 한다. 서울의 해운대라 불리던 그때의 한강 사진을 보면 지금 모습은 상상도 할 수 없다. 서울의 많은 부분들이 그렇듯이.

서울에서 살던 아파트의 뒤쪽 산책길에는 한강으로 통하는 지하도가 있어 여름이면 일주일에 두세 번 가족들과 함께 강을 따라 걸었다. 3km 정도 걸으면 한강 공원이 나오는데, 성인이 된 후 그곳에서 마신 맥주 캔을 다 모으면 몇 트럭은 나올 거다. 사귀던 사람과 한강 벤치에 앉아 바라본 남산의 풍경과, 이별 후에 혼자 음악을 들으면서 바라본 노을진 강가 풍경은 비슷한 듯 달랐다. 인생의 방향에 대한 근심으로 가득할 때

무작정 걷던 한강길에서 꼬질꼬질한 눈물 사이로 본 물결도 그때그때 달랐던 것 같다. 어쨌거나 나는 평생을 한강 옆에서, 한강을 보고, 한강을 건너며 커왔다. 특히나 고민이 있을 때면 이어폰을 챙겨 들고 한강으로 가는 것이 오랜 버릇이었다.

그래서일까. 강이 없는 도쿄에서 내 고민들은 길을 잃었다. 품 안 가득 차게 누리고 있는 것들에 하나도 몰두하지 못했고 마음엔 회의가 가득했다. 도저히 잠들 수가 없던 어느 밤, 한강이 아니더라도 일단 걸어보자 싶어서 집을 나섰으나, 주변 공원들은 출입 시간에 제한이 있어 들어갈 수가 없었다. 조금 멀리 떨어진 24시간 공원으로 향하는 길은 너무 번화가라 오히려 정신이 더 혼란스러워질 것 같았다. 결국 어느 호텔 근처의 작은 정원을 빙빙 돌다가 집에 들어와서 허탈한 샤워를 했다. 흐르는 물을 맞으면서 스스로가 촌스럽고 초라하다고 생각했다. 그렇게나 원했던 해외 생활을 하면서, 도쿄 번화가의 카페와 미술관과 재즈바를 찾아다니며 한껏 즐기고 좋은 사람들을 잔뜩 만났으면서, 왜 자꾸 서울의 강을, 서울에 두고 온 사람들을 떠올릴까.

그건 아마도 내가 서울에서 오롯이 행복하지 않았기 때문이

지 않을까. 나는 내가 서울에서 야근과 사람에 치여 겨우겨우 살아내고 있다고 여겼고, 그래서 도쿄로 이직 기회가 생겼을 때 뒤도 돌아보지 않고 도망쳤다. 그러나 도달한 화려한 도망지에서도 나는 불안했다. 일본어를 할 수 있어 생활이 불편하지도 않았고 친구들도 많아 외롭지도 않았음에도, 커리어적으로도 더 좋은 입지를 얻었음에도 그랬다. 더 일찍이 들여다보고 어루만지며 달래야 했던 마음속 소란을 도쿄로 데려와 버리고 만 것이다. 위치가 바뀌고 환경이 환기되면서 눈부시게 피어나는 사람들도 있을 것이다. 하지만 나는 스스로가 물리적인 뿌리부터의 해결이 필요한 사람이라는 것을 타지에서 긴 시간을 앓고 나서야 깨달았다. 그래서 더 길게 보았던 일본 생활을 접고 만 2년 만에 서울로 복귀했다.

돌아왔을 즈음 코로나였기 때문에 어딘가를 가기보다는 그리워했던 한강을 많이 걸었다. 혹은 목적지 없이 버스를 탔다가 다시 집으로 돌아왔다. 버스가 한강 다리를 건널 때면 잠깐 도시에서 발을 뗐다는 핑계로 정신을 툭 내려놓고 창밖을 바라보았다. 치열하게 경쟁하면서 살아가는 사람들이 약속이라도 한 듯 하나같이 폰을 내려놓고 강 위의 노을을 순수히 마주할 때면 묘한 소속감을 느꼈다. 그리고 생각했다. '잘 돌아왔다.' 이곳에서 나는 사계절 내내 묵묵히 낚시를 하는 저 아저씨처럼 끈기를 배우고, 겨울에도 바디 슈트를 입고 수상 레포츠를 즐기는 저 언니처럼 날 내던지고, 괴상한 차림으로 조깅을 하는 저 사람처럼 타인의 시선에서 자유로워지는 연습을 할 것이다. 모두의 이야기를 품고 그저 흐르는 서울의 강 근처에서. 어떠한 지독한 일을 겪더라도 잠시 숨을 참다 한강가로 뛰쳐나가 둑이 무너지듯 울고서는 다음 날 퉁퉁 부은 눈을 이끌고 씩씩하게 출근할 수 있는, 해내야만 하는 이 도시에서.

삭막함이 도저히 가리지 못하는 빛무리 같은 것이 서울에는 있다. 그건 아마 서울에서 살아가는 수많은 도시 아이들이 내는 빛일 것이다. 소담하고 정다운 촛불 같진 않아도, 제 역할을 톡톡하게 해내는 형광등 같은 서울내기들. 때로 점멸하다 꺼지더라도 이 도시는 변함없이 흐를 것이다. 도시 아이의 불이 밝혀지기를 기다리며.

한강은 내게 단순한 강이 아니었다. 도망치듯 떠났다가도 결국은 돌아오게 만드는 감정의 기점이었다. 도쿄의 세련된 거리, 낯선 사람들 사이에서 채워지지 않던 결핍은 내가 무엇을 그리워하고 있었는지를 되묻게 했다. 다시 서울로 돌아온 지금, 내가 사는 곳과 그 안의 나를 아끼는 나날을 보내고 있다.

> 여러분에게도 돌아오고 싶은 '한강'이 있나요?
> _____

2. 샤머니즘의 도시

낯선 자에게 운명을 내맡기는 마음

이 도시엔 상상 이상으로 많은 수의 역술가들이 있다. 우리나라 역술 시장의 규모는 최소 4조 원에서 6조 원대로, 역술인은 약 100만 명으로 추정한다. 서울의 어디든 걷다 보면 사주 카페나 천막으로 되어 있는 노점상을 어렵지 않게 발견할 수 있다. 대한민국은 점술 공화국인가 싶을 정도로 운명을 알고 싶은, 혹은 운명을 바꾸고 싶은 사람들의 소비 심리가 대단하다는 건 분명하다. 아마도 불안에서 기인한 소비일 가능성이 더 크다. 지금 현재에 만족하고 걱정이 없다면 내 미래를 점쳐보고 싶은 마음이 덜하지 않을까? 하지만 요즘같이 불안 심리로 장사하는 비즈니스가 성황일 때, 사주만큼 캐주얼하고 가볍게, 또 한편으론 수동적으로 불안을 타인에게 잠시 위임할 수 있는 매력적인 사업은 또 없는 것 같다.

나 역시 점술 공화국의 시민답게 일종의 연례행사처럼 사주를 보러 간다. 나보다 더 사주에 진심인 지인이 본인이 사용해 본 것 중에 가장 잘 맞는다며 강력 추천해서 결제한 유료 사주 어플리케이션까지 있다. 그럼에도 신년이 되면 색다른 풀이를 더 구체적으로 듣고 싶어 사주를 예약한다. 반드시 답을 알고 싶은 뾰족한 질문이나 해결책을 알고자 하는 문제가 있는 건 아니다. 사주를 그닥 신뢰하는 편도 아니고, 흔히 말하듯 '참고용'으로만 재미삼아 듣고 결국 운명은 개척할 수 있다고 생각하는 쪽에 가깝다. 그럼에도 벌써 몇 년째, 친구와 재미 삼아 함께 점을 보러 가고 있다. 정을 붙인 사주 선생님이 있는 것도 아니다. 다양한 역술가들에게 사주를 보다 보면 그 사람의 내공이 어렵지 않게 파악된다. 이미 타고난 일주를 기반으로 발현되는 성향과 기질은 꽤나 일관되게 나오기 때문에 인터넷을 조금만 검색해봐도 볼 수 있는 사주풀이가 아닌, 생년월일 이면에 나라는 사람의 특수성을 좀 더 면밀하게 들여다보고 '요즘 세대'에 맞는 트렌드에 빗대어 분석할 수 있는 분이 가장 사주를 잘 봐주시는 분이라고 나름 합리적인 기준을 세웠다. 사주는 지난 몇백 년간 인간의 반복되는 습성과 역사를 연구한 방대한 통계 자료라고 보는데, 그 통계를 어떻게 해석하느냐는 결국 많이 해봐서 빅데이터가 쌓인 사람이 가장 잘 알지 않을까 싶다.

 몇 년 전, 사귀던 남자친구와 헤어진 직후, 다른 무엇보다도 연애 운이 궁금하여 사주를 보러 갔다. 그때 만난 선생님은 나의 개인 성향에 대해서는 잘 해석해 주었다. 그러나 콕 찝어 물어본 연애 운에 대해서는 안쓰럽다는 듯 고개를 저으시며 "내년에 들어오는 연애 운이 더 좋다.", "괜찮은 사람이 없으니 올해는 오는 사람 막지 말고 가는 사람 잡지 마라."라는 말만 되풀이했다. 그가 용했던 것인지 우연의 일치인지 알 수는 없지만 실제로 몇몇 사람이 스쳐간 뒤 해가 넘어가기 직전이 되어서야 진득한 연애를 시작할 수 있었다.

 또 다른 해의 연초에 본 사주는 크게 기억에 남는 말이 없었다. 매번 내 생년월일을 대면 필수적으로 언급되는 "책임감이 많고 관운이 있다.", "해외와의 연이 있으며", "결혼은 늦게 해야 좋다." 등의 말을 여느 때와 같이 들었다. "올해는 바쁜 해가 될 것이다."라고만 하셨었는데 돌이켜 보면 그 해는 그 어느 것 하나 쉽지 않은, 인생에 경험한 해 중 가장 힘든 한 해가 되었다. 예를 들어 큰 생각 없이 탄 전동 킥보드가 한쪽 브레이크가 고장 나 있어 넘어지는 바람에 외상을 입었고, 회사에서는 인정받고 팀장직으로 올라감과 동시에 예상치 못한 사람들의 시기 질투와 견제로 그 어느 때보다도 대인 관계가 힘들었다.

그렇게 힘든 한 해를 드디어 보내고 신년을 맞이하여 또 한 번 새롭게 보러 간 점집에서는 내 생년월일을 대자마자 "작년을 어떻게 살아냈냐."라는 말로 물꼬를 트셨다. 작년의 나의 모습은 마치 눈물 젖은 빵을 혼자서 먹는 외로운 상황이었다는 것이다. 앉자마자 촌철살인으로 작년의 나의 운을 말씀해 주시는 선생님은 또 처음이었다. 한편으론, 그만큼 누가 봐도 '내 사주가 작년엔 정말 안 좋았나 보다.'라는 생각과 동시에 '이 정도로 명백하게 안 좋을 거면 작년 선생님은 왜 나에게 경고를 하지 않았나.' 하고 원망스럽기까지 했다. 물론 반짝이는 눈으로 미래를 점쳐달라고 돈 내고 앉아 있는 손님에게 대놓고 '올해는 최악의 해이니 마음 준비를 단단히 해라.'라고 말하긴 쉽지 않았을 것 같다.

"올해는 좀 괜찮나요?"

나의 첫 질문이었다. 그간 난 점집을 방문하며 단 한 번도 해답을 바란 적은 없었지만 이번 방문에 있어 내가 내심 기대했던 바는 작년의 힘들었던 점들이 올해는 좀 나아질까에 대한 제삼자의 의견이었나 보다. 다행히 올해는 괜찮다는 답변을 받았지만 사주 선생님의 뉘앙스는 석연치 않았다.

"하반기는 더 괜찮아. 음력 7월은 지나야 안정감이 올 거고, 9월부터는 정말 좋아져."

음력 9월이면 양력으론 10월 말일 텐데, 마치 연초에 연애운을 물으러 갔는데 내년에 연애 운이 좋다는 말을 들었을 때처럼 1월 첫째 주에 4분기에 나아진다는 말을 듣고 있자니 너무도 멀게만 느껴졌다. 그 뒤로 해주신 말들은 처음 강렬했던 임팩트와는 달리 다 두루뭉술했다. 점집을 나오며, 올해가 작년보다 조금 나아졌다고 해서 방심하지 않기로 했다. 그리고 올해 하반기쯤엔 좋은 일이 있을 수 있는 건수들을 곰곰이 짚어보게 되었다. 생각하다 보니 하반기의 운을 맞아들이기 위해 내가 지금부터 찬찬히 준비해볼 수 있을 법한 계획들이 떠올랐다. 미뤄두었던 공부를 시작하는 것이나, 회사에서 기대해볼 수 있는 새로운 기회들을 잡기 위해 내가 지금부터 씨앗을 뿌려놔야 하는 것들이 조금 더 구체화되었다.

사람은 생각하는 대로 살아지는데, 대체로 그 생각들에는 힘이 부족하다.

한데 운명론 신자처럼 사주에서 어떠한 이야기를 듣고 나면 자꾸만 생각이 그 방향으로 쏠린다. 예를 들어 '당장 공부에 뜻이 있는 건 아니지만 내가 학업 운이 좋은 사주고 더 큰 성장을 위해 공부하면 좋을 것 같다.'라는 이야기를 들으면 계획에 없던 석사를 생각하게 되는 것처럼 말이다. 일어나지 않은 일이고 실제로 일어날 확률이 굉장히 적은데도 불구하고 힘들 때면 운명론에 기대고 싶어 하는 인간의 본성에 따라 자꾸 본인의 사주를 곱씹게 된다. 그러다 보면 그 생각에 힘이 생기고, 현실이 되기도 한다. 돌이켜보면 나는 부모님이나 주변 사람들이 아닌 제삼자가 나에게 길라잡이가 되어주길 바라고 있었는지도 모른다. 누군가는 비슷한 이유로 종교를 믿거나, 철학을 공부하거나, 혹은 독고다이처럼 자기 스스로의 내면으로 깊숙히 파고들어 뿌리를 깊게 내리는 경우도 있다. 나는 종교도 없고, 철학을 공부할 만큼 어떠한 이념에 몰두하고 있지도 않고, 또 스스로 신념을 굳건히 세워 흔들리지 않을 정도로 강하지 못하다. 그래서 아직은 가벼운 마음으로 내 운명을 점쳐줄 사주에 내 인생의 방향키를 맡기고 있는 셈이다. 나에게 필요한 것이 '확언'이라면, 그 길라잡이를 내 스스로 역할을 해낼 수 있을 텐데 말이다. 정신력이 강한 편이라고 생각했지만 아직은 내공이 부족한가 보다.

 나를 포함하여 많은 사람들이 제각기 다른 고민과 답답함을 안고 사주를 보러 간다. 사주를 신봉하는 것이 아니라 재미로만 본다고 거듭 강조했지만 결국 보러 가게 되는 이유는 일말의 희망을 품고 싶기 때문이리라. '누군가 내가 어떻게 성공할지, 행복해질 수 있을지 힌트라도 줄 수 있다면 그 답에 기대어 내가 그 방향으로 노력할 수 있지 않을까.' 하고. 이 도시에서 점집은 마치 일종의 마음 상담소처럼 많은 이들의 이야기를 들어주고 때로는 위로하거나 나무라기도 하면서 결국 또 내일을 살아갈 비밀스러운 희망을 불어넣어 주고 있는 듯하다.

> 지금 어떤 말에 기대고 있나요? 스스로의 믿음을 키우는 당신만의 방법이 있나요?
> _____

3. 모래로 만들어진 서울

부서지는 도시 속 지키고 싶은 것들

402번 버스를 타고 단풍이 가득한 남산 소월로를 따라 집에 가고 있었다. 어느 순간 왼쪽 맞은편에 평소의 풍경과는 이질적인 딱딱한 철재 가림막이 눈에 들어왔다. 저게 뭐지 잠시 생각을 하다가 곧 남산 체육관이 있던 건물을 무너뜨린 공사 현장이라는 걸 깨달았다. 소식은 이미 들었었지만 막상 눈으로 확인하니 마음이 아팠다. 커다랗게 '남산 휘트니스'라고 적혀 있는, 조금은(사실 많이) 촌스럽던 간판이 아직도 눈에 아른거리는데. 나에겐 소중한 추억이 많은 건물이었다. 남산 휘트니스는 엄마가 20대 때부터 다녔던 체육관이라 내가 열아홉 살에 첫 방문을 했을 당시에도 이미 많이 낡아 있었다. 쇠냄새가 짙게 나는 오래된 운동 기구들은 다른 헬스장의 신식 기구들과 영 다른 모습이었다. 그 공간을 크게 둘러싼 트랙은 걸을 때마다 삐걱삐걱 소리가 나는 오래된 나무 바닥이었다. 처음엔 냄새, 소리, 그냥 체육관의 모든 것이 거슬렸다. 게다가 회원들은 모두 나이가 지긋하신 어르신들이어서 내 또래의 남녀는 찾아볼 수가 없었다. 집 앞의 다른 멀쩡한 헬스장들을 두고 굳이 강 건너 차로 왕복 한 시간의 거리까지 나를 데려가는 엄마가 잘 이해 가지 않았다. 하지만 결국 나는 그곳에서 PT 선생님과 함께 진득하게 12kg를 감량한 전설의 회원이 되고 말았다.

참 묘했다. 싫었던 고무바닥 냄새, 쇠냄새가 어느덧 익숙해졌고 나무 바닥 소리에 중독돼 러닝머신 대신 트랙 위를 50바퀴씩 돌았다. PT 선생님은 조금 나이가 있으신, 인자한 인상의 아저씨였는데, 50바퀴에서 절대 한 바퀴도 봐주지 않으셨다. 수업 시간이 한 시간이 넘어가도 그날 계획된 운동은 모두 마쳐야 집에 갈 수 있었다. 운동이 끝난 후, 사우나에서 마주치는 할머니들의 부담스러운 인사와 수다도 점점 따스하게 느껴졌다. 추운 겨울에 차가운 귤을 서너 개씩 쥐어주시던 손의 온도가 귤껍질에 묻어 전해졌다. 그때쯤엔 엄마가 왜 굳이 이 먼 곳까지 힘들게 다니는지 아주 잘 이해할 수 있게 되었다.

이런 멋진 남산 체육관의 주인은 어느 할머니라고 했다. 노후한 시설과 애매한 위치 때문에 계속 적자였지만 기존 회원들과의 의리로 체육관을 지키고 계시다는 감동적인 일화를 사우나에서 엿들은 적이 있다. 그리고 몇 년 후, 그 할머니가 "회원수가 0이 될 때까지 절대 남산 체육관은 팔지 말아라."라는 유언을 자식들에게 남기고 돌아가셨다는 소식을 엄마가 전해주었다. 체육관이 앞으로 얼마 가지 못하겠다는 생각이 문득 스쳤다. 예상대로 수년 뒤 남산 체육관은 모두 철거되었고 'ㅇㅇ 하우스 남산'이라고 적힌 공사 가림막만이 그 자리를 대신하고 있다. 402 버스에 앉아 네이버에 그 이름을 검색해보았다. 'Selected Value for Better Life'를 슬로건으로 하는 고급 빌라였다. 세대별 홈트레이닝, 마사지 스파 서비스, 온실 정원 관리 서비스, 반려동물 돌봄 서비스 등, 이쯤 되면 해주지 않는 건 과연 무엇일지 궁금한 곳이었다. 고급 빌라는 분양가 약 110억 원의 단 한 세대만 남고 모두 분양 완료되었다고 한다. 물론 누군가 한 채 사주겠다고 하면 넙죽 엎드려 받고 감사하게 살 테지만 여전히 슬프고 씁쓸한 마음이었다.

무너진 건물에 대한 이런 감정은 이전에도 한 번 겪어본 적이 있다. 외할머니와 몇 년 동안 살았던 귀여운 집이 팔리고 그 자리에 못생긴 다세대 주택이 들어선 광경을 목격한 날이었다. 아기자기한 앞마당에서 키웠던 멍멍이와 따끈따끈한 할머니의 밥상이 모두 같이 땅속에 파묻힌 것 같은 기분이었다. 앞집 민수네 집과 옆집 흰색 멍멍이네 집 모두 마찬가지로 칙칙한 붉은 벽돌색의 다세대 주택이 되어버렸다는 사실이 나를 더 슬프게 했다. 예전엔 집집마다 키우는 꽃도, 담벼락 색도 모두 가지각색이었는데 이제는 까딱하다가는 길을 잃어버릴 정도로 개성 없는 건물들이 즐비해 있었다. 고작 이런 몰개성한 걸 지으려고 우리 할머니 집을 무너뜨렸나. 우습고 허탈했다. 전통과 미적 감각과 추억을 이렇게 쉽게 팔아버려도 되는 걸까.

나이를 하나둘 먹어가고 세상에 추억과 정이 많아질수록 오래된 건물이 모래성처럼 쉽게 없어지는 걸 보면 슬픈 걸 넘어서 화가 난다. 자본주의 사회에서 체육관보다는 고급 빌라가 돈이 되기에 후자가 그 자리를 차지하는 게 어찌 보면 당연한 일이다. 적자인 체육관을 운영하는 건 바보 같은 짓이고 한 세대가 살 수 있는 주택 대신 열 세대가 살 수 있는 빌라를 만드는 것이 합리적이다. 하지만 이성이 대세인 세상에서 나는 괜히 감성에 호소해보고 싶어진다. **효율적이지 않은 보존을 택하면서 낭비가 낭만일 수 있는 서울을 보고 싶다는 욕심이다.**

스무 살 초반, 가족과 스위스를 간 적이 있다. 첫 번째 일정은 인터라켄도 융프라우도 아닌 아빠가 유학 시절 지냈던 작은 시골 마을 탐방이었다. 무려 30년도 더 된 과거인데 아빠는 신나서 "여기가 내가 자주 가던 식당이고, 저기가 단골 빵집이었고"를 외치며 폴짝폴짝 뛰어다녔다. 최종 목적지는 아빠가 인턴을 했던 작은 호텔이었다. 엘리베이터는 영화에서나 보던 수동 엘리베이터였고(정말로 문을 손으로 닫았는데 중간에 열릴까 봐 매우 무서웠다) 아빠를 기억하는 어느 아주머니가 프론트에 앉아 계셨다.

"아무 것도 바뀐 게 없어. 그대로야."

유럽식 비데가 있는 작고 낡은 방에 들어오자 아빠가 말했다.

"여기 호텔도 동네도 사람들도 다 그때랑 같아. 모든 음식이 비싸고 맛없는 것마저도."

귀여운 불평에도 불구하고 젊은 시절 추억이 그대로 남아 있음을 확인한 아빠는 꽤나 행복해보였다. 지금 생각해보면 당시 예순을 앞둔 아빠가 이십대 때의 기억을 온전히 그리고 생생히 느낄 수 있었던 건 엄청난 행운이었을 것이다. 30년 후, 내 대학 시절 추억의 장소들이 몇이나 남아 있을지는 짐작도 할 수가 없다. 당장 내가 졸업할 때쯤에도 학생회관을 철거하고 새로운 건물을 지을 계획을 발표했으니 말이다. 이쯤 되면 건물을 애초에 너무 대충 짓는 건 아닌지 의심이 된다. 쉽게 짓기 때문에 쉽게 낡아, 쉽게 부수고 다시 쉽게 새로 짓고 있는 게 아닐까? 변덕의 탓도 있을 것이다. 보수만 해도 충분하지만 새로운 용도의 번쩍거리는 높은 건물로 이익을 보고 싶은 마음에 에잇, 쓸어버리는 걸 수도. 나는 건물주가 아니라 이해하지 못할 마음이지만 그들에게 들이밀고 싶은 예가 있다.

교토의 핫플레이스 에이스호텔은 원래 1926년 지어진 교토 중앙전화국이었다. 그러다 2000년대에 들어서서 외관은 그대로 둔 채로 개축을 하기로 결정되었다. 2020년, 교토 에이스호텔은 신관과 구관이 융합된 상업 시설로 재개장을 하게 된다. 프로젝트를 담당했던 건축가 쿠마 겐코는 '현재와 과거가 연결되는 마당. 교토 전통을 계승하는 목공예품과 일본 현대 건축가가 설계한 구 중앙전화국의 벽돌이 만나는 건물'을 생각했다고 한다. 그래서 신관에는 에이스호텔이, 구관에는 여러 상업 공간이 조화롭게 들어서 있고, 안뜰에는 아기자기

한 일본식 정원이 있다. 이곳의 유명세에 궁금함을 참을 수 없어 실제로 어느 4월 친구와 방문을 해보았다. 일본 전통 건물의 느낌과 젊은 호텔의 감각이 이질감 없이 잘 어우러지는 곳이었다. 옛것을 품고 있어도 충분히 멋진 동시에 이익이 될 수 있다는 사실을 유감없이 보여주는 공간이다. 독일이나 중국을 여행하면서도 기존의 목적은 사라진 건축물이지만, 옛 흔적을 그대로 품고 새로운 문화를 비축하는 곳으로 탈바꿈해 도시 속 사람들을 다시 불러 모으는 공간들을 여럿 보았다. 그리고 그때마다 서울의 천지개벽이 아쉬워졌다.

 물론 이러한 감상은 붕괴 직전의 건물을 영영 껴안고 가자거나 오래된 것만이 좋다는 취지로 말하는 것이 아니다. 다만 멀쩡한 건물들과 어린 시절 추억이 깃든 공간들이 더 많은 이익 창출을 위해 높고 비싼 오피스텔 등으로 변모하고 있는 모습에 대안이 있을 수 있지 않을까 하는 질문을 던지고 싶다. 어느새 공간은 사람들에게 그저 이윤 추구를 위한 수단에 불과한 것 같다는 생각이 들기도 한다. 누군가의 따뜻한 기억의 근원지인, 오랜 역사가 스며든 건물들을 조금은 더 애착을 갖고 품어줘도 되지 않을까 싶은 나는 너무 순진한 걸까. 예쁜 마음으로 탄탄하게 지어놓은 모래성은 아무리 모래로 만들었다 하더라도 쉽게 부수고 싶지 않다.

> 당신이 서울에서 지키고 싶은 모래성은 어디인가요?
> _____

4. 서울에서 단골이란

부디 오래오래 계셔주세요

 사장님, 안녕하세요?

저는 지금 사장님과 여덟 발자국 떨어진 곳에서 사장님께서 직접 내려주신 커피를 앞에 두고 이 편지를 쓰고 있어요. 오늘은 창가 자리가 비어 있어 냉큼 앉아버렸어요. 창가 자리에는 3시와 4시 사이 해가 일렁이듯 쏟아져 들어와서, 매주 조금씩 붉어지는 홍죽을 보는 재미가 있어서 제가 이곳에서 가장 좋아하는 자리에요. 오늘은 운이 좋네요.

저와 제 남편은 지난 삼 년 동안 매주 일요일마다 이곳에 오고 있답니다. 살면서 가장 꾸준히 해 본 일 중 하나가 아닐까 싶어요. 서울 가게로서는 드물게도 삼 년 동안 이곳은 변한 듯 변하지 않은 듯해요. 신메뉴였던 바나나 브레드와 얼그레이라떼가 어느덧 스테디셀러로 자리 잡았고, 이곳의 또 다른 단골인 임경선 작가의 책 수가 몇 권 늘었네요. 반면, 벽에 테이프로 무심하게 붙여 놓으신 흑백 포스터들과 시티팝으로 시작해 재즈로 끝나는 사장님의 플레이리스트는 여전하고요. 이곳에 처음 왔을 때는 카페 중앙에 수호신처럼 우뚝 서 있는 몬스테라의 잎이 네댓 개밖에 되지 않았는데, 이제는 스무 개 남짓한 녹빛의 생명이 사방으로 뻗어 나가는 모습을 보니, 저 아이가 저렇게 자랄 동안 나는 무얼 했나 하는 반성을 하게 돼요.

이렇게 오랜 시간 동안 꾸준히 이곳에 오게 될 줄은 꿈에도 몰랐어요. 한국의 카페는 사라짐으로 그 존재가 비로소 완성된다고 느껴질 정도로, 사방팔방에서 유행하는 분위기의 카페들이 솟았다가 금세 사라지고 있었으니까요. 처음에 이곳에 왔을 때는 저보다 세련된 음악 취향을 가지고 있는 남편(당시 애인)이 사장님의 선곡에 감탄했고, 토스트 위에 발라 주신 리코타 치즈의 양이 후해 반짝 기분이 좋았을 뿐이었죠. 요즘 보기 드문 따뜻한 곳이다, 정도의 생각만 했던 것 같네요.

그 다음 주에 이곳에 왔을 때는 카페 곳곳에 녹진하게 깃들어 있는 베이컨과 시럽 냄새가 좋았어요. 학창 시절, 일요일 아침마다 기숙사 식당에서 맡던 냄새와 똑같았거든요. 떡진 머리로 어그부츠만 구겨 신고 나와 친구들과 팬케익과 베이컨을 쌓아두고 먹었던 짭조름하고 들큰한 시간들이 떠올랐어요. 게다가 겨울 난방의 습기 때문에 한쪽 유리 벽 전체에 뽀얗게 낀 성에는 참 포근하고 안락하더라고요. 집에 있는 방석과 베개를 죄다 가져와 성을 쌓으며 그 안에 있는 한 아무도 나를 찾지 못할 거라 안심했던 어린 시절로 돌아간 듯했어요. 고립이 외롭지 않게 느껴지는 곳이라 느꼈어요.

그 다음에 이곳에 왔을 때는 다른 손님들이 눈에 들어오더군요. 구석에서 매주 다른 색의 비니를 쓰고 그래픽 작업을 하시는 분, 프렌치 토스트를 음미하며 뉴욕타임즈 크로스워드 퍼즐을 하는 대머리 백인 아저씨, 시인지 수필인지 모르겠는 글을 교정하는 앳된 얼굴의 대학생. 대부분 혼자서 무언가를 골똘히 만들고 고치고 있는 사람들이었어요. 일인지 취미인지는 알 수 없지만, 그들의 잔뜩 구겨진 미간과 조용히 내뱉는 한숨을 보니 그건 중요하지 않아 보였어요. 그 사이에 간간이 껴 있는 소개팅을 하는 듯한 남녀는 왠지 주눅이 들어 보여 자꾸 그들의 대화를 엿듣게 됐고요.

또 결혼에 대해 심각하게 고민하던 어떤 날에는, 이곳에서 임경선 작가의 짧은 산문집을 읽게 되었어요. 결혼의 당위와 사랑의 지속성에 대해 집요하게 고민하느라 시름시름 앓고 있던 시기였죠. 그때 마침 읽은 문장이 '그럴 때는 운동화를 신고 동네로 산책을 나가 맛있는 스콘을 사 먹는 것이 현명하겠다. 적당한 때가 오면 부부가 무엇인지, 결혼이 무엇이지, 행복이 무엇인지, 각 잡고 사색하지 않아도 그쪽에서 먼저 우리에게 어쩌다 한 번씩 알려줄 테니까.'였어요. 그걸 읽자마자 벌떡 일어나 스콘을 주문하러 계산대로 갔죠. 잼을 듬뿍 발라 한입 가득 먹는데, 복잡한 생각과 불필요한 걱정도 함께 삼켜지더라고요. 단순한 기쁨을 힘껏 끌어안는 것도 능력이자 용기를 요하는 일이란 생각을 하며. 우연한 순간에 적절한 지혜를 읽은 것뿐인데, 그날 먹었던 스콘이 오랫동안 머리에 맴돌았어요.

이런 일련의 시간을 보내고 나니, 저는 어느새 매주 일요일 이곳에 약속한 것처럼 출근해 앉아 있게 되었네요.

한가지 고백하자면, 저는 원래 굉장히 전략적으로 어느 장소(그곳이 식당이든, 술집이든, 책방이든)의 단골 자리를 꿰는 사람이에요. 한곳에 꽂히면 반복해서 출근해 눈도장을 찍고, 불필요한 양의 돈과 시간을 쓰고, 사장님과 안부를 묻고 시시콜콜한 수다를 떨다가 단골이 되어버리지요. 단골로서 주어지는 '덤'이 참 좋거든요. 영원히 메뉴에 오르지 않을 술을 남몰래 맛보게 된다든지, 소나기가 올 때 스스럼없이 우산을 빌릴 수 있다든지, 평소에는 무뚝뚝한 사장님이 입꼬리를 슬쩍 밀어 올리며 '오늘은 쭈꾸미 좀 더 넣었어.'라고 하는 그런 덤이요. 단골로서의 소박한 낭만이자 미미한 권력이죠.

그런데 사장님은 놀랍게도, 그리고 야속하게도, 저희를 다른 손님들과 완벽히 똑같이 대하세요. 아마 임경선 작가를 제외하곤 저희만 한 단골은 없을 텐데도요. 그 흔한 쿠키 하나를 서비스로 주시지도, 매번 같은 주문에 대한 알은체도, 개인적인 질문도 일절 하지 않으시죠. 제가 지난 두 달간 일이 바빠 잠시 발걸음이 뜸했다가 오랜만에 갔는데도 평소와 하나 다를 것 없는 건조한 '어서 오세요'로 저희를 맞으시더군요. 미소의 흔적도 없이, 처음 오는 손님에게 쓰시는 말투와 똑같이요. 저는 귀향하는 사람처럼 얼마나 설레며 이곳의 문을 열었는데요….

처음에는 좀 섭섭했어요. 내가 여기에 투자한 시간과 돈이,

그리고 그와 비교도 되지 않게 쏜아부은 꾸준한 애정이 얼만데. 주말마다 이곳에 오는 것이 너무 좋은 나머지 여기서 가장 가까운 아파트를 신혼집으로 알아볼 만큼 이곳에 진심인데. 중학생 때도 이런 짝사랑은 해본 적이 없다구요.

하지만 이런 일방적인 애정 관계에도 금세 적응이 되더군요. 기본적으로 수줍음이 많으신 듯한 사장님께 싱겁게 말을 붙인다던가(매번 살짝 당황하시는 듯한 모습은 덤으로 재밌답니다), 이곳을 나서면서 '다음 주에 뵐게요!' 같은 장소에 맞지 않는 인사를 당당하게 외치다 보니, 우리가 꽤나 가까워진 것만 같은 정신 승리도 가능해져요. 2,000원이면 가능한 커피 리필은 우리 부부를 위해 만드신 규정인 것만 같아요. 마감 시간이 한참 지난 뒤에 느릿느릿 뒷정리하시는 걸 보면 '역시 우리를 기다려 주시는구나…' 하는 착각까지 하게 되죠.

제 이런 고백을 너무 심각하게 읽지는 않으셨음 해요. 아무도 알아주지 않아도, 또는 아무것도 돌려받지 못해도, 꾸준히 행하는 일에 따르는 기쁨도 있으니까요. 중학생 때 이런 짝사랑의 재미를 알지 못한 것이 얼마나 다행인지 몰라요.

매주 이곳에 오는 것은 제게 지극히 사적인 의식이에요. 무언가를 열심히 끄적이는 사람들을 관찰하며, 몸에 전혀 필요하지 않은 스콘을 천천히 씹으며, 성에가 뿌옇게 낀 유리창을 오랫동안 바라보며, 책을 한 단어 한 단어 힘주어 읽고 단어들을 정성스레 속에 담으며, 지난했던 지난 한 주로부터 조금 멀어진 채 차분히 가라앉을 수 있는 시간이에요. 뜨겁지도 차갑지도 않은, 안락하게 미지근한 시간. 그렇게 잠식되는 동안은 빠르게 휘발되고 어지럽게 흩어지는 시간들을 붙들어 맬 수 있을 것만 같아요. 무언가 나를 다시 이 세상으로 끄집어내 줄 때까지(그것이 오랜만에 듣는 Beach Boys의 노래일 때도, 익숙한 베이컨 향일 때도) 저는 그 안락하게 미지근한 시간 속에서 꿈꾸는 것처럼 헤엄치고 있답니다. 그렇게 한껏 헤엄치다 보면 어깨와 미간의 긴장이 풀려 있어요. 찌꺼기처럼 있던 짜증과 불안이 씻겨 내려가고 맑은 마음만이 남아 있어요. 그때야 비로소 다음 주를 살아낼 은밀한 힘을 얻지요.

이곳에서 나가면 언제 이 느림과 여유의 미학을 즐겼냐는 듯 원래의 저로 돌아가겠죠. 일어나자마자 냉장고에 쌓아둔 인스턴트 커피를 들이켜고, 병적으로 카톡과 메일을 체크하고, 어떤 사업이 '핫'하고 어떤 식당이 '힙'한지 열심히 검색하고, 한 박자 빨리 마신 술에 취해버리는 성급하고 욕심 많고 건조한 저로요. 그래도 이곳에서 보내는 일요일 오후 덕분에 소란스러웠던 어제와 혼란스러울 내일 사이에서 지금의 저는 무사할 수 있는 것 같아요. 비록 급조된 두 시간 어치의 공백일지라도요.

장황하게 썼지만, 결국 제가 하고 싶은 말은 감사하다는 말이에요. 절대 보내지 않을 걸 알면서도 정성스레 써 내려가는 이 편지가 꼭 이곳을 찾아오는 제 마음과 닮았네요. 이 편지를 아마도 읽지 못하실 사장님이 이미 제 마음을 아실 것만 같은 것도 프로 짝사랑러의 착각이겠죠?

이곳의 엔딩곡인 Nina Simone의 〈I Loves You Porgy〉가 나오네요. 벌써 6시인가 봅니다. 다음 주에 뵐게요. 그 다음 주에도요.

> 단골집이 있나요? 당신은 언제 그곳에 가나요?
> _____

5. 탕후루와 인생네컷, 그리고 곱창

휘발하는 것과 변치 않는 것

이번엔 탕후루 가게다. 지난번에는 인생네컷이더니. 6개월 만에 찾은 신촌 거리는 그 짧은 사이 빠르게도, 많이도 바뀐다. 10년 전 대학생 때 자주 가던 5,900원짜리 싸구려 대패 삼겹살집이 남아 있기를 바라는 마음이 욕심이란 것을 꽤 오래전에 깨달았지만, 그래도 6개월 만에 가게들이 또 바뀌는 것은 너무하지 않나.

대학 동창들과 만날 때는 장소를 종종 신촌으로 잡는다. 딱히 교통이 편하거나 맛집이 많은 곳은 아니지만 대학 시절의 추억을 곱씹을 수 있으리라는 기대 때문이다. 하지만 올 때마다 신촌 대학가는 항상 새롭게 변해 있다. 우리 때도 이렇게 빨리 변했었던가? 그래도 24시간 운영하는 맥도날드와 할리스는 대학 시절 내내 나의 귀가 택시비를 아껴주며 그 자리를 그대로 지켰던 것 같은데…. 20대 초반에 밤낮으로 누볐던 신촌 거리가 고작 10년이 지난 지금, 이제는 내 머릿속에만 남아 있다는 사실이 서글프다. 나의 낭만, 사랑, 우정, 그 오글거리는 서사가 담긴 곳들이 이제는 지도상에 없다는 것이 왜 이리 아쉬운지.

장소에 유독 질척대는 이유는 공간이 사람의 정체성을 만든다고 생각하기 때문이다. 어린 시절 나고 자란 고향의 사투리가 그 사람의 언어 세계를 만들고, 특정 지역 음식에 대한 선호는 내집단의 동질감을 만드는 기제가 된다. 30여 년 서울 토박이인 나는 변치 않는 고향을 가진 사람을 부러워했다. 부산, 광주, 제주, 안동… 땅 크기만 놓고 보면 서울과 크게 다를 바가 없어 보이지만, 그들에게는 분명 구분되는 정체성이 있다. 예를 들어, 서울에 산 지 십수 년이 지난 사람이더라도 그의 고향이 부산이라면, 부산에 놀러 가는 누군가에게 "여기 국밥이 찐이다."라며 정겨운 훈수를 두는 것을 즐긴다. 고향이 전라도인 엄마 덕분에 어린 시절부터 삭힌 홍어 맛을 접한 내가 "무친 홍어는 먹을 줄 알아요."라고 말하면, 곳곳에 숨어 있던 전라도 출신들이 튀어나와 "얘가 뭘 좀 아네."라며 '맛을 아는 전라도' 이너 서클 안으로 나를 살짝이 반겨준다.

반면 나는 누군가 서울에 놀러 와서 어디를 가야 하냐고 묻는다면, "음… 남산? 경복궁에 가야 하나? 요즘 어디가 유명한지 모르겠다. 인스타 핫플 찾아봐!"라며 한 걸음 물러난다. 서울에 특색 있는 곳이 많지 않은 것 같기도 하고, 내가 추천한 곳이 지금도 있으리라는 보장이 없기에. 서울은 그런 곳이다. 동시에 이런 서울을 고향으로 두고 사는 나도 왠지 빠르게, 계속해서 변해야만 할 것 같은 느낌에 사로잡히고는 한다. 서울은 너무 빠르게 변한다. 어쩌면 그대로 있지 못하는 것이 숙명일지도 모르겠다.

내가 초등학교를 졸업할 때까지 살았던 송파구 외곽은 위례신도시 개발과 함께 천지개벽을 했고, 이후 살았던 성북구 역시 재개발되며 청소년기에 등교하며 다녔던 골목길은 흔적도 없이 사라졌다. '이게 이렇게 통째로 사라질 수 있다고?'라며 공사의 위력을 깨달았던 순간이기도 했다. 엄마는 동네가 깔끔해져서 좋다는데, 나는 교복을 입고 30분을 등산해 등교하던 15살의 내 추억을 통째로 잃은 것 같은 기분이었다.

얼마 전 개봉한 영화 〈대도시의 사랑법〉에는 10년을 함께한 친구에 대해 '내 20대의 하드디스크'라고 말하는 장면이 나온다. 내게는 공간 그 자체가 추억을 저장하는 역할을 하기에 초등학교, 중학교, 고등학교, 그리고 대학교까지, 한 시절을 보내온 물리적 장소가 모두 변하거나 사라지자 이 하드디스크가 사라진 느낌을 받았다. **서울 개발이 나를 추억의 피난민으로 만들었다.**

'이방인의 마음이 이런 것일까.'라는 생각이 꽤나 유난임을 안다. 가끔 이런 이유로 센치해진다는 것이 더 맞는 감정이겠지. 서른 이후의 삶은 수많은 고민과 선택의 연속이었다. 그때마다 '나는 누구, 여긴 어디'를 고민하지만, 내가 어떤 사람일까에 대해서는 쉬이 답을 내리지 못한다. 시간이 흘러가는 것은 물론 내가 살아온 공간까지 모두 변해가니, 내 삶의 여정에 그대로 남아 있는 것은 무엇인가, 나의 정체성은 무엇인가에 대해 존재론적인 혼란에까지 침잠해 버린다.

그런데 최근 정말 생각지도 못한 곳에서 명쾌한 해답의 실마리를 찾았다. 얼마 전 해외 출장을 갔다가 우연히 대학교 선배 J를 만났다. J와는 졸업 후 한 번도 보지 않았는데 7년 만에 해외에서 마주치게 되어 너무나 반가워 이런저런 대화를 나누며 한국에서 만날 약속을 잡았다. 무엇을 먹을지 정하다가 내가 "우리 곱창 먹을까요?"라고 말하니 J는 까르르 웃으며 "너 아직도 곱창 좋아하는구나. 대학생 때부터 그렇게 좋아하더니."라고 대답했다.

 잠깐, 내가 대학생 때부터 곱창을 좋아했었나? J와 헤어진 뒤 내 머릿속에는 대하 곱창 서사가 펼쳐졌다. 대학교 신입생 시절, 처음으로 먹어본 소곱창의 맛에 깜짝 놀란 후(그전까지 내 인생에서 곱창은 돼지 곱창볶음이 전부였다) 과외비의 대부분을 곱창 먹는 데 탕진했던 때부터 시작하는 서사. 신촌의 모든 곱창집을 섭렵하며 곱슐랭 리스트를 만들었던 것, 곱창 사주는 남자를 이상형으로 꼽던 패기, 신입 사원 때 곱창집에서 했던 소개팅, 좋아하는 회사 선배들과 간 곱창집에서 거나하게 취해 장렬히 쓰러진 날까지. 곱창이라는 소울푸드로 촘촘하게 짜여진 나의 역사가 무척이나 선명하게 그려졌다. 시간이 흐르고 주위가 모두 변했음에도 불구하고, 그리고 그 곱창집들 중 대부분은 없어졌음에도 불구하고.

 J와의 만남 이후, 나는 곱창을 좋아했던 대학생이자, 서른이 넘는 지금도 여전히 곱창을 좋아하는 직장인으로 비추어졌다는 사실에 이상하게도 기분이 좋아졌다. 유난을 조금 더해

보자면 나의 정체성 한 조각을 찾은 것 같았달까. 내게 곱창은 특별한 서사가 있는 특별한 음식이다. 곱창은 삼겹살의 두 배 가까운 가격을 지불해야 하며, 기름이 많아 느끼하기에 식사보다는 안주용으로 적합하다. 또 배가 터질 것 같아도 볶음밥까지 먹어줘야 하므로 먹는 시간도 길다. 즉 돈과 술, 그리고 긴 대화의 시간이 반드시 뒤따르는 고급스러우면서도 인간적인 요리다. 내가 지향하는 모습과 참 닮아 있는 음식이라는 생각이 든다. 그래서 누군가 내게 너는 어떤 사람이냐고 물어본다면 나는 '곱창을 좋아하는 사람'이라고 답하려고 한다. 곱창에 매우 진지하며, 거기에 소주 한잔을 곁들여 대화하는 것을 좋아하는 사람이라고. 그게 대체 무슨 사람이냐고 물어본다면 곱창에 얽힌 나의 인간적인 에피소드들을 풀어내며 나를 소개해야지.

시간도, 공간도 빠르게 변해버리는 이 도시 서울에서 나를 지탱하는 것은 의외로 가장 소소한 일상의 취향이었다. 공간은 사라져도, 취향에서 만들어진 나의 서사는 남아 있다. 곱창 한 접시 쉬이 보지 마라, 그 안에 당신의 정체성이 담겨 있을지 모르니.

당신의 정체성을 가장 잘 드러내는 일상의 취향은 무엇인가요?
_____

6. 엿듣기

불쾌한 도시의 면면을 극복하는 방법

서울에 관한 흥미로운 통계를 본 적 있다. 2023년 기준, 서울에는 1km² 면적당 15,533명의 사람이 산다. 이는 뉴욕의 8배, 도쿄의 3배이다. 감이 잘 안 올 수도 있는데, 쉽게 말해 도시 면적당 인구 수가 베이징 다음으로 세계 2위인 초고밀도 도시가 서울이다. 세계 평균 인구 밀도는 1㎢ 안에 52명인데, 남극의 저밀도 도시도 통계에 포함되어 있으니 평균이 과소 측정되었을 것을 고려한다고 해도, 15,533명이라니. 그야말로 바글바글하다. 크리스마스의 명동이나 금요일 저녁의 강남역 사거리를 굳이 떠올리지 않더라도, 대기줄 관리 태블릿을 문 앞에 설치해둔 가게들과 성수동 감자탕집 밖으로 길게 늘어선 줄을 보면 '아아, 서울에는 사람이 정말 많구나.'라고 실감할 수 있다.

이러한 인구 과밀의 환경은 필연적으로 불쾌한 상황들을 낳는다. 여유나 문화를 향유하는 데에 반드시 필요한 거리감과 공간감이 삭제된 상태에서는 도저히 무엇도 즐길 수가 없다. 전시를 보러 간 미술관에서 정수리 구경만 실컷 하고 돌아오거나, 늘상 가던 고깃집이 방송을 탄 뒤 손님이 늘어 너무 시끄러워진 탓에 고기 맛을 느끼기 어려워진 경험은 누구나 있을 것이다.

소음 혹은 침범으로 인지하는 범위가 넓은 까탈스러운 성격 탓에 외출 자체가 꺼려질 때도 있다. 내가 절대로 외출하지 않는 날로는 여의도 불꽃 축제, 어린이날, 그리고 크리스마스가 있다. 그러나 내향인이라고 해서 바깥 세상이 궁금하지 않은 것은 아닌지라, 복잡하다는 이유만으로 도처에 널린 도시의 인프라를 제대로 즐기지 못하는 것은 무척 아쉬운 일이다. 이제 서울 시민으로 산 지 어언 삼십 년. 해가 다르게 바뀌는 듯해도 정신없는 것만은 변함없는 이곳에서 제정신으로 외출하기 위한 몇 가지 팁이 생기기에 이르렀다. 항시 이어폰 착용하기, 돈으로 고요함 구매하기(택시), 길이 통해 있다면 한강변을 활용하기, 인원 수를 제한하는 예약제 공간을 이용하기(도서관 혹은 카페) 등은 육탄 방어 전략이다. 물리적으로 소란함을 피하는 것이다. 하지만 가끔씩 어쩔 수 없이 고밀도의 인파 안에 나를 내던져야 하는 상황이 올 때 내가 쓰는 의외의 방법이 있다. 바로 엿듣기다.

이 얼마나 배덕한 선언인가. 교양 있는 현대 사회 시민이 타인의 대화를 엿듣는다니. 오해를 풀자면 여기서 말하는 '엿듣기'는 도청 같은 침투적인 행위가 아니다. 누군가가 타인의 귀를 피해 작게 속삭이고 있는 내용을 굳이 들으려 애쓴다거나, 눈앞에서 전개되는 상황으로부터 이득을 취하려고 하지는 않는다. 다만 공공장소에서 데시벨 조절에의 의지 없이 프로파간다처럼 삶을 중계하는 특정 사람들에 대해 유연하게 대처하는 것이다. 자리를 옮길 수도, 귀를 막을 수도 없을 때, 라디오 사연이라고 생각하고 한 번 들어나 보는 것.

청담동에 이제는 폐업한 '카페 X'라는 곳이 있었다. 상하이 오리엔탈 파스타의 맛은 평이하고 아메리카노는 사악하게도 12,000원이었지만, 특유의 안락한 분위기와 창문 밖 고양이의 존재 때문에 친구와 종종 방문하곤 했다. 고급 스테이크 하우스와 각종 라운지 바가 즐비한 골목에 위치해 있고 내부에는 흡연실까지 있었기 때문에 카페 X를 찾는 고객층은 매우 흥미로웠다. 저녁 시간대에는 클럽에 가기 전 수다를 떨기 위해 들린, 딱붙는 원피스 차림의 여자들과, 캡모자를 쓰고 포르쉐를 끌고 와서는 흡연실에 틀어박힌 남자들이 대부분이었다. 하지만 주말 오후 2시쯤에는 대부분의 손님이 선을 보고 있거나 소개팅 중인 남녀들이었다. 그들을 발견하면 나와 친구는 눈을 빛내며 으레 앉는 구석진 자리에 둥지를 틀었다. 엿듣기는 다음과 같은 문장들이 높아진 언성으로 우리 자리에 와닿을 때쯤 시작됐다.

"아버지는 제가 사업을 물려받길 원하시지만 저는 제 꿈을 좇기 위해 공부 중이에요. 방황자죠." 그러고는 손으로 입을 가리며 웃는 루이비통 카라티를 입은 남자.

"혹시 살라미의 유래를 아세요? 아, 이 위스키 에어링이 너무 잘됐네요." 위스키 잔을 그윽하게 바라보다가 못말리겠다는 듯이 고개를 흔드는 아저씨.

"어떻게 이런 것까지 아세요? 아 진짜, 오빠 뇌섹남이구나!" 유독 '섹'에 강세를 주어 모두가 돌아보게 만드는 소프라노 톤의 여자.

"주변에서 살 좀 찌라고 난린데 저는 지금도 제 몸이 무겁거든요. 여기 제 팔 좀 만져보세요." 45도로 튼 고개를 똑바로 들 생각이 없어보이는, 상체가 시원한 차림의 언니.

 첫 만남임을 유추할 수 있는 어색한 기류와 존댓말, 간드러지거나 젠체하는 말투, 겸손 혹은 취향 뒤에 숨길 수 없는 자기 자랑이 섞인 그 현장들을 보고 있노라면 과연 현대 미술이 따로 없다. 내 소개팅 자리도 남들이 보면 저렇겠지 싶어서 애써 귀를 닫으려고 해도 뽐내야 하는 수컷들과 아찔하려 하는 암컷들의 상호작용은 그들도 모르는 사이 소리도 범위도 커져 곧 주변 사람들 모두가 그들의 짝짓기 반경 안에 들어가고 만다. 그러면 나와 내 친구는 대화하는 모든 능력을 상실하고 웃음 참기를 기반으로 한 엿듣기 모드에 돌입한다. 그리고는 카톡으로 중간중간 코멘터리를 단다. 남자 차가 세 대래. 저 언니 태어나서 한 번도 다이어트 해본 적 없대. 주량은 소주 열네 병이래. Colorado에서 study abroad 했대. 결국 카페 X를 나설 때 우리는 항상 웃고 있었던 것도 같다.

 남녀가 대전을 펼치는 고급 카페 외에도 지하철, 편의점, 서점, 엘레베이터 등의 다양한 공간에서 엿듣기는 이루어질 수 있다. 편의점 앞에서 '야 이 새끼야 네가 그러고도 인간이야?'라고 성을 내시는 할머니의 한마디가 귀에 와서 꽂히면 어쩔 수 없이 궁금해진다. 왜 전화기 너머의 상대편은 인간이 아닌 걸까. '아빠 아까 본 아줌마는 누구야?'라는 아이의 질문에 '아빠 회사 친구야. 엄마한텐 비밀로 하자.'라고 대답하는 부자의 대화를 교보문고 엘리베이터에서 듣게 된 날, 두근거리는 마음으로 그들을 따라 아동 도서 섹션까지 동행하려다 황급히 정신을 차리고 문학 섹션으로 이동한 적도 있다. 어디에나 선은 있지 암.

사실 엿듣는 행위 그 자체는 즐겁다기보다는 괴롭다. 상식을 넘나들며 소음 공해를 발생시키는 사람들에게서 주의를 돌리기는커녕 그들이 파괴하고 있는 시간을 향해 돌진해야 하기 때문이다. **하지만 엿듣기는 어디를 가나 존재하는 빌런들에게 유연하게 대처할 수 있는 방법이기도 하다.** 평온한 시간을 깨고 들어오는 타인의 목소리에 인상을 찌푸리기보다는, 가십거리를 찾은 기자처럼 탐구하는 것. 혹은 비상식을 온몸으로 전시하는 그들을 반면교사 삼아 나는 그들과 다름을, 매우 정상임을 확인받는 것일 수도 있다.

"내 머리 밖의 세상이 나와는 다르다는 것을 확인하는 가장 좋은 방법은 엿듣기이다."
- 미국 극작가, 손턴 와일더

스스로의 정상 여부를 파악하기에는 상당히 질이 낮은 방식이지만 또 사람의 본능이기도 하다. 심리 학계에서 저명한 「Psychological Science」의 논문에 따르면 사람들은 전화 통화와 같은 일방적인 전달보다 두 화자 간에 이루어지는 양방 대화에 더욱 관심을 빼앗긴다고 한다. 또 예측 불가능한 대화일수록 속수무책으로 이끌린다고. 심리학 저서에서 공인해준 본능이라니 조금 안심이 된다. 카페에 들어갔을 때 커플이 싸우고 있으면 자연스레 근처에 앉는다거나, 공원에서 할아버지들이 소리 높여 전투를 진행하고 계시면 은근슬쩍 허리 돌리기를 하며 서성인다거나, 지하철에서 상기된 얼굴로 통화하며 소개팅 후기를 늘어놓는 사람과 멀어질 수 없으면 차라리 잠시 음악을 일시정지 하는 등의 행위는 분명 한 번씩은 해보았을 것이다. 아니라면 축하드린다, 당신은 매우 예외적으로 점잖은 시민이다.

엿듣기가 인류의 생존 전략이었던 때도 있었다. 중세 시절, '마녀'로 몰리던 이들은 밤중에 가족들의 방문에 유리컵을 대고 그들의 대화를 엿듣다가 신고의 위험에 처하면 도망가곤 했다. 전시 혹은 식민 통치 상황에서도 유사한 행위가 이루어졌다. 살아남기 위해 몰래 정보를 수집해야 했던 상황들은 역사의 뒤안길로 어느 정도 자취를 감추고, 이제 엿듣기는 도시의 빌런들에 대처하기 위한 소소한 일탈로 유쾌하게 격하되었다.

서울 어디를 가도 사람들에 둘러싸여 피곤함이 몰려오고 시끄러운 대화 소리에 정신이 혼란해진다면, 오히려 마음을 내려놓고 당신 주변에 소소한 일일 연속극이 펼쳐지고 있지는 않은지 둘러보라.

> 도시의 불쾌한 면면을 극복하는 당신만의 팁이 있나요?
> _____

7. 니가 사는 그 집, 그 집이 내 집이었어야 해

염탐하고 관음하는 현대인의 길티 플레저

밤 열두 시, 파고들 시간이다. 침대로 그리고 전 애인의 SNS로. 이불을 머리 끝까지 덮고 우선 손가락이 불러올 수 있는 큰 재앙을 막기 위해 인스타그램 계정을 부계정으로 전환해둔다. 부계정의 프로필 사진은 골프공, 게시물은 0개, 팔로우는 31명의 예쁜 언니들만. 누가 봐도 음침한 남자같이 보이게 머리를 써보았다. 이 숨겨둔 계정으로 들어가 검색 기록을 누르면 내가 한 바퀴 순회해야 할 계정들의 목록이 나타난다. 전 남자친구들, 그의 친구들, 그의 지인들…. 하나씩 들어가 아직도 비공개 계정인지, 태그된 게시물에 새로운 사진이 올라오진 않았는지, 수상한 댓글은 없는지 꼼꼼히 살펴본다. 나는 당당한 골프인의 계정이니 스토리도 종종 눌러본다. 흠, 여전히 똑같네. 나아진 게 없다, 너는. 다행이야. 밝은 핸드폰 불빛에 눈이 시려질 때쯤 시계를 보면 새벽 한시 반. 뭔지 모를 허탈함에 화면을 끄고 한숨 섞인 욕을 내뱉는다. 나쁜 새끼.

잠들기 전 빙의되는 흥신소 코난은 나의 부캐이다. 헬스케어 전문가로서 하루종일 몸에 좋은 것들을 챙기며 사람들에게 '운동하세요.', '수면 시간은 최소 7시간이라는 걸 잊지 마세요.'를 외치는 나이지만 이 순간 만큼은 다른 인격체다. 토끼처럼 빨개진 눈을 혹사시키며 말도 안 되는 추측과 과한 집착으로 스스로를 괴롭힌다. 거봐, 내가 이 여자 불안하다 했잖아. 둘이 여기도 같이 간 거야 설마? 무슨 사이지 도대체? 내 말이 맞네, 맞아. 그만둬야 함을 알지만 도파민과 함께 묘한 자극을 주는 이 놀이에 중독되어 거의 매일 밤 온갖 SNS로 끝나버린 인연의 현 발자취를 쫓고 있다.

나빠지는 시력보다 더 큰 문제는 이 놀이가 끝난 후 핸드폰을 닫고 눈을 감았을 때 밀려오는 공허함과 '찌질하게 내가 뭘 하고 있는 거지.' 싶은 한심함, 다음 날 잔상처럼 남아 있는 그의 새로운 여자친구 모습 같은 것들이다. 나도 꽤 재밌고 행복한 현실 세계를 살고 있는데 왜 스스로 자처해 이렇게 괴로워야 하는 건지 웃길 정도다. 우리가 기념일을 보냈던 레스토랑에서 새로운 사람과 촛불을 불고, 내가 싫어했던 친구들과 여전히 어울리는 그 모습들이 정말 아찔하고 아픈데, 이걸 왜 계속 보고 있는 걸까. 오늘은 이제 그만 봐야지, 내일부터는 정말 그러지 말아야지 다짐하고 또 반성해보지만 마치 코카인 중독자처럼 온갖 합리화를 하며 다음 날 다시 염탐용 계정으로 전환하기를 누르고 있다. 정말 재활 센터에 가서 치료라도 받아봐야 하는 건 아닌지 싶은 정도다.

  마음 같아서는 이렇게 글을 이어가고 싶다. 'SNS 염탐은 건강한 행동이 아니다. 앞으로 골프공 계정도 없애고 밤에 쓸데없이 훔쳐보는 시간을 서서히 줄여 나가야겠다.' 하지만 그건 거짓말이다. 사실 나는 스스로가 완전한 행복과 안정을 찾기 전에 날 아프게 한 사람들이 괜찮아지는 꼴을 보기가 싫다. 나보다 먼저 좋은 사람을 만나면 어쩌지, 더 먼저 성공해버리면 어쩌지, 하는 막연한 불안감에 자꾸 몰래 기웃거릴 것이고 아마 꽤 오랫동안 멈출 수 없을 것이다. 결국엔 내가 행복하지 않아서 그들의 불행을 바라고, 혹시라도 행복해질까 봐 조바심이 나는 걸까? 그들에게 어떤 미련이라도 남아 있는 걸까? 분명 나의 잘못으로 끝난 관계가 아닌데…. 내가 이렇게 했다면 혹은 하지 않았다면 저 자리엔 아직 내가 있고, 몰래 염탐

해야 하는 사이가 아닌 확신을 갖고 들여다보는 관계이겠지. 그런 바보 같은 회의감이 마음 속 깊이 존재하는 것 같다.

그러다 문득 궁금해진다. 나도 누군가의 염탐 대상일까? 몇 달 전 새로 만든 사업 홍보용 인스타그램 계정은 나의 첫 공개 계정이다. 덕분에 이 계정에 올리는 스토리를 생각보다 많은 유령 계정들이 보고 있다는 걸 알게 되었다. 팔로워 0, 팔로우 0, 프로필 사진조차 없는 이상한 아이디의 너네는 누굴까? 내가 훔쳐보고 있는 그 사람일까? 아니면 날 싫어했던 전 회사 팀장님? 내가 올리는 게시물이 그들에게도 어떤 자극이 될까? 그런 생각을 하면 더 좋은 일상만 올리고 싶어진다. 돈 잘 벌고 맛있는 거 먹고 좋은 데 가고 행복한 모습만 올려서 그들이 아주 배 아프게. 하지만 이런 생각 또한 유해한 거겠지. SNS가 전부가 아닌데, 진짜 내 삶을 살아야 하는데 말이다.

새벽에 충혈된 눈을 감으며 나만 이렇게 사는 게 아니라고, 사실 우리 모두 한 번쯤은 누군가의 SNS 계정을 몰래 본 적이 있을 것이라 위로해본다(제발, 맞죠?). 그게 좋아하는 사람이든, 질투의 대상이든 그 사람의 삶을 훔쳐볼 수 있다는 건 꽤나 자극적인데, 우연히 알고리즘에 뜬 그 계정을 훑어보지 않고 지나칠 사람이 몇이나 있겠는가! 소개팅 애프터를 하기로 한 남자가 어떤 사람인지, 옆 팀의 예쁜 대리님은 퇴근 후 어디로 놀러갈지 궁금해지면 일단 SNS에 검색을 해본 경험, 다들 있지 않은가. 예전에 친구가 '왜 내 스토리를 자꾸 말없이 보는 거야? 그냥 팔로우하면 되잖아. 이해가 안 가.'라며 자신의 계정을 몰래 보고 오리발을 내미는 직장 동료에 대한 푸념을 했다. 질투심과 자격지심일 거라고 우리는 결론을 내렸지만 그 직장 동료에게 얼핏 나의 모습이 보여 사실 뜨끔하기도 했고, 그래도 나만 찌질한 게 아니라서 다행이라는 생각도 들었다. 마음 속 어딘가 병들어 일그러진 모습으로 SNS를 두드리는 우리는 어디서부터 뭐가 잘못된 걸까.

아우렐리우스의 『명상록』에 이런 말이 나온다.

"사물들은 네 혼을 장악하지 못하고 꼼짝없이 혼 바깥에 존재하는 것이므로, 불안은 오직 우리 안에 있는 의견에서 기인한다."

과연 그의 말이 맞다. 인스타그램 알고리즘도, 추억의 장소에서 새 여자친구와 데이트 사진을 찍어 올리는 그 남자도 모두 컨트롤할 수 없는 외부 현상이다. 제어 가능한 건 내 생각과 마음, 그러므로 새벽의 탐정 놀이를 그만두기 위해 필요한 건 오로지 나의 의지뿐이다. 꾸준히 마음속 불안의 근원을 찾아 소멸시키다 보면 아우렐리우스가 말한 혼 안의 은신처를 찾아내 평온을 얻을 수 있을 것이다. 아마 그때 나는 전 애인들의 결혼과 애기 돌잔치까지 진심으로 축하해줄 수 있는 멋진 여성이 되어 있을 거라 위로해본다. 아예 그들의 소식에 관심이 없어질 수도 있겠다.

그러나 아직 미숙한 오늘의 나는 자기 전에 아주 잠시만, 딱 5분만 골프공 계정에 로그인 해보기로 한다.

> 솔직하게 대답해 주세요. 나는 전 애인의 계정을 몰래 염탐해본 적이 있다, 없다?
> _____

8. 길어야 7분

도파민 중독자의 위기 탈출 일기

 7분.

 스마트폰을 들여다보지 않고 책장에 눈길이 닿아 있을 수 있는 최장 시간이다. 2시 10분에 휴대폰을 내려두고 책에 몰두했다고 생각했지만, 다시금 습관적으로 고개를 들어 폰 화면을 툭툭 건드리니 2시 17분이라고 뜬다. 단 10분도 온전히 집중하지 못하는 내가 읽고 있는 책의 제목은 아이러니하게도 『도둑맞은 집중력』. 아니 정말 고3 때는 어떻게 공부했는지 모를 일이다. 핸드폰도 켜지 않고 아침부터 밤늦게까지 엉덩이 붙이고 앉아 공부했다니. 강산도 이 정도 변했다고 하면 못 믿을 정도의 변화가, 10년이란 시간 동안 내 집중력에 일어나버렸다.

책을 진득하게 읽지 못하게 된 건 꽤 오래전부터였다. 회사에서도 짧은 이메일 하나를 쓰기까지 사내 메신저로, 카톡으로, 텔레그램으로 눈길과 손길이 두어 번 이상 갔다 온다. 성인 ADHD가 많아졌다는 뉴스, MZ세대가 긴 텍스트를 읽지 못한다는 이야기가 미디어의 단골 소재가 된 것을 보면 비단 나만의 문제는 아닌 것 같다. **집중력 위기의 시대가 도래했다는 경고의 메시지가 사방에서 들려와도 딱히 고치고자 하는 마음이 들지 않는 건 이렇게 살아도 큰 문제는 없기 때문이다.**

인스타그램 돋보기 창을 닫고 책을 30분 동안 진득하게 읽더라도, 반짝이는 메신저 창의 알림을 무시하고 제대로 몰입해서 발표 자료를 만들더라도, 당장의 큰 이득은 없다. 반대의 경우에도 큰 손실은 없다. 대한민국에서 입시와 취업 준비라는 거대한 관문을 통과한 나는 더 이상 '집중할 필요'가 없다. 적어도 당분간은. 무언가를 배우려 하거나 몰두하기 위해 노력하지 않고 눈앞의 단기적 도파민에 듬뿍 젖어 살아도 된다는 허가를 받은 것 같다. 오히려 낮은 집중력으로 적당히 일을 쳐내면서 남들과 똑같은 월급을 받는 루팡짓을 성공적으로 할 때 쾌감을 느낀다면 모를까. '우리 모두가 ADHD가 되어 가고 있다.'라는 경고를 (아이러니하게도) 유튜브 쇼츠로 확인한 뒤

'좋아요'를 누르고, 이내 휘리릭 넘겨 연예 가십 뉴스를 보고는 다시금 즐거워진다.

도파민에 절어 살던 내가 '젊은 ADHD의 슬픔'을 깨닫게 된 곳은 조금 뜬금없게도 골프 연습장이었다. 골프를 시작한 지 얼마 되지 않았던 때였다. 골프를 즐기는 선배들이 많은 부서로 이동하면서 사회생활 겸 자연스럽게 골프를 배우게 됐다. 처음엔 골프를 만만하게 봤다. 나이가 지긋한 어르신들이나 뛰는 것도 힘들어 보이는 여리여리한 사람들도 하는 운동이라니. 어릴 때부터 운동을 즐겨했고 테니스도 꾸준히 쳤던 내게는 골프는 식은 죽 먹기일 것이라고 생각했다. 실제로도 초반에는 나는 잘하는 편인 것 같았다.(물론 착각이었다) 선배들을 곧잘 따라다니며 골프 신동이라는 소리도 듣곤 했으니, 어깨가 안 올라갔을 리가!

그러나 얼마 지나지 않아 이 '신동'이란 호칭은 초보자에게 으레 해주는 격려라는 것을 깨달았다. 공을 아무 데나 뻥뻥 날려대 게임은 조금씩 지연되기 일쑤였고, 함께 게임을 하던 동반자들은 슬슬 짜증스러운 표정을 짓기 시작했다. 결국 형편없는 실력으로 즐거운 라운딩을 망친 어느 늦여름의 주말, 나는 '골프 정복'을 목표로 삼고 연습에 매진하기로 결심했다. 절치부심의 심정으로 매일 아침 출근 전 2~30분씩 공을 쳤다. 정말 꾸준히, 매일 성실하게 연습했지만 실력은 하나도 늘지 않았다. 오히려 점점 퇴보하는 느낌이었다. 레슨 코치가 '이렇게 연습하면 이젠 잘 칠 때가 됐는데'라는 뼈아픈 멘트를 날린 날, 나는 쿨하게 포기를 외치며 다짐했다. "오케이, 골프는 나랑 맞지 않는군. 2주 뒤에 잡혀 있는 라운딩 일정만 마치면 골프 때려치우자."라고.(참고로 골프 세계에서는 '본인상을 제외하고는 약속 변경은 불가하다'라는 우스갯소리가 있을 정도로 미리 잡힌 일정을 바꾸는 것이 어렵다)

그 일정은 당시 직속 임원과의 라운딩으로, 무조건 '못 치지 않아야' 했다. 잘 치는 것은 고사하고, 게임의 흐름을 망치지 않는 것이 작고 소중한 목표였다. 이때부터 내게 골프는 스포츠가 아닌 생존 게임이자 무조건 잘해야 하는 업무로 느껴졌고, 나는 표범에 쫓기는 사슴처럼 바짝 긴장한 상태로 클럽을 휘둘렀다. 조급한 마음과는 달리 시간적인 여유는 없었기에, 짧은 시간 내 몰입해서 연습했다. 내게 주어진 시간은 고작 하루 30분씩 열흘, 그러니까 300분, 즉 5시간밖에는 없었다. 구석에 몰려버린 나는 초인의 힘을 발휘하여 모든 잡념을 내려놓고 클럽을 휘두르는 데에만 집중했다. 머릿속에 든 생각은 오직 하나, 공을 보내자, 멀리, 잘!

그 어느 때보다 몰두한 도합 (고작) 5시간의 연습을 끝낸 뒤 나간 라운딩의 결과는 그야말로 드라마의 해피엔딩급 마무리였다. 망치지만 않기를 기도했던 이날의 라운딩에서 나는 다음 게임부터는 내기 골프를 하자는, 골린이 기준 최고의 찬사를 받게 됐다.

기분이 좋은 것도 잠시, 나는 돌아오는 길에 이 변화에 대해 생각하지 않을 수 없었다. 수개월간의 시간 동안 하지 못했던 것을 어떻게 나는 5시간 안에 해낼 수 있었던 걸까? 그간의 연습 과정을 반추해 보니, 정말 오랜만에 '집중'이라는 것을 했기 때문임을 깨달았다. 동시에 그동안 일상에서 깊이 집중했던 순간이 거의 없었음을, 아쉽고 부끄러운 마음으로 돌아보게 되었다. 지금까지 나의 모습은 어떠했는가. 하나의 공을 치면서도 머릿속으로는 핸드폰에 울리는 알람을 생각했다. 두세 개의 공을 치고는 다시 5분을 쉬었다. 마치 책을 읽을 때, 회사에서 메일을 쓸 때의 모습처럼, 단 5분이란 짧은 시간에도 눈앞에 놓인 한 가지에 집중하지 않았던 것이다. 집중이 부재한, 느슨한 꾸준함과 빈틈있는 성실함은 결국 아무 변화도 만들어내지 못한다.

오랫동안 잊고 있었던 집중력의 효과를 눈앞에서 다시 확인하게 된 후 머리를 띵 맞은 것 같았다. 집중이 공부나 일 외에도 적용된다는 것을, 그리고 어느새 나의 디폴트가 어느 것에도 집중하지 못하는 상태라는 것을 깨달으니 그제서야 ADHD의 슬픔이 느껴졌달까. 집중의 부재로 잃어가고 있었던 발전 기회들이 이제야 하나둘씩 떠올랐다. 독서 모임을 통해 꾸준히 책을 읽지만 기억에 남는 내용은 없고, 유명하다는 강연을 찾아 들어도 별다른 인사이트가 생기지 않았던 이유가 이것이었구나. 도파민의 홍수를 서핑하는 안락한 환경에서 놓치고 있는 몰입과 집중의 중요성을 계속 상기하지 않으면 멍청한 소시지 같은 사람이 되어버릴 것만 같은 두려움이 몰려왔다.

물론 이 진부한 깨달음을 실생활에서 적용하기란 쉽지 않다. 표범에 쫓기는 사슴의 상황이 되지 않고서야 10분 이상 집중할 수 있는 능력은 이미 사라져 버렸으니. 다만 조금의 변화가 있다면, '도파민에 빠져 살면 왜 안 돼?'라는 시대의 물음에 답할 내용이 생겼다는 것. 느리지만 조금씩 이 위기에서 헤어

나오려고 노력한다는 것. 그래서 요즘에는 책을 읽거나 글을 쓰기 전에는 30분 알람을 맞춘 뒤 폰을 덮어버린다. 어제의 나보다 1분 더 오래 책을 읽은 나를 달래가며, **빼앗긴 집중력을** 조금씩 찾고 있다.

ADHD 시대의 위기는 집중하지 못하는 것이 아니라 집중하지 않아도 된다고 착각하며 사는 것이다. 집중의 부재는 단순히 시간을 낭비하는 것이 아니라 발전의 기회 자체를 놓치는 일이라는 것을 깨달은 지금, 하루에 단 1분씩이라도 의식적으로 집중력을 쏟아붓는 시간을 마련해 본다.

당신이 마지막으로 무언가에 진짜 몰입했던 순간은 언제였나요?

9. 도시의 스포츠, 필라테스

혼란한 도시에서 중심 잡기

서른을 맞은 해에 이직과 결혼, 이사를 연달아 하며 일과 삶 모두에 큰 변화가 일었다. 더군다나 그때는 코로나도 한창이어서 먹고, 일하고, 사람을 만나는 사소한 일상도 전과 같지 않았다. 내게 변화는 활력과 성장을 주는 일이었으므로 언제나 두 손 들고 반겨왔지만, 당시에는 무엇 하나 어제와 같은 것이 없다는 막막함이 기대감보다 앞섰다. 변화와 불안은 동전의 앞뒷면 같은 것이라는 사실이 새삼 실감 나는 나날이었다.

많은 것이 변해버린 일상에서 그래도 꾸준히 해오던 것 중 하나가 필라테스였다. 사실 의도된 꾸준함은 아니었다. 그저 100회의 개인 레슨을 미리 결제해두었기 때문에, 이사로 센터가 집과 회사와 모두 멀어졌음에도 불구하고 계속 다니게 된 것이다. 필라테스를 좋아해서 많이 결제해 둔 것은 아니었고, 워낙 비싼 운동이다 보니 100회 상당의 회원권을 미리 끊어두어야만 비로소 내가 감당할 수 있는 가격으로 디스카운트가 되었을 뿐이다. 회원권을 결제하면서도 '필라테스 센터가 문을 닫으면 어떡하지?' 하고 걱정했다. 코로나로 서울 중심부에 있는 대부분의 자영업이 위태로웠으므로 센터가 1년을 버티는 것조차 쉽지 않을 것 같았다. 계약서에 '센터의 사정으로 수업이 중단될 경우 남은 횟수의 전액을 환급한다.'라는 조항을 넣었는데, 다행히 필라테스 학원은 지금까지도 건재하다. 덕분에 나는 유일하게 변하지 않는 익숙한 공간을 드나들며 안정감을 얻을 수 있었다. 센터가 잘 버텨주고 있다는 사실로도 응원이 되었다. 아무래도 그런 시기였다.

나와 잘 맞는 선생님이 오전에만 수업했기 때문에 아침 운동을 택했다. 아침잠이 많은 내가 대중교통으로 30분이나 걸리는 필라테스 학원을 꾸준히 간다는 건 쉬운 일이 아니었다. 특히 비가 오거나 추운 날 아침이면 모른 척 다시 눈을 감고 싶었다. 하지만 레슨비가 마음 편히 눈을 감을 수 있는 가격이 아니었으므로 꾸역꾸역 집을 나섰다. 그러나 센터에 오기까지의 고통은, 아침 스트레칭의 고통에는 비할 것도 아니었다. 아직 덜 깬 상태에서 몸을 찢는 고통을 아는가. 그 전날 야근이라도 했다 하면 뭉친 근육들은 늘어날 기미조차 보이지 않아 억 소리가 나며 몸이 부르르 떨리고 발끝에 손이 닿지 않아 바둥거렸다. "아파요, 저려요, 쥐가 났어요, 선생님 도저히 안 되겠어요."라는 말을 놀랍게도 매번 외쳤다. 그렇지만 선생님은 예쁜 미소와 나긋나긋한 목소리로 "우리 조금 더 가볼까요?" 하시며 가차 없이 내 등을 누르셨다.

그런데 이렇게 반강제적인 아침 운동 습관이 자리를 잡으면서 조금씩 효과가 나타나기 시작했다. 본래 목표는 잔병 퇴치였다. 예쁜 몸매나 다이어트는 감히 바라지도 않았다. 운동을 안 하면 체력이 버텨주지 않았던 것도 이유였지만 무엇보다 소화 불량이나 근육통과 같은 직장인 고질병을 조금이나마 완화해 보고 싶었다. 그런데 필라테스의 효과는 컨디션이 좋아지는 것에만 머무르지 않고 일상을 대하는 나의 관점에도 영향을 주었다. 오늘 하루를 나를 돌보는 일로 시작한다는 것은 무언가 달랐다.

보통의 하루였다면 부리나케 출근부터 했을 것이다. 아침을 거르고 회사에서 급한 일을 처리한 다음, 배에서 꼬르륵 소리가 나는 것을 민망해하며 미팅을 하고 있었을 것이다. 그러나 운동을 한 후에는 반드시 뭐라도 먹어야만 했으므로 나는 자연스레 아침 식사를 위한 도시락을 싸기 시작했다. 사과와 아보카도 그리고 두유 같은 식량이 항상 가방 속에 있었다. 그렇게 하루를 시작한 날은 잠들기 전에 기분이 좋았다. 뿌듯함이라기 보다는 내 일상이 올바른 궤적을 찾은 것 같은 안도감에 가까웠다. 모든 것은 다 나의 건강과 행복을 위함이거늘. 몸의 회복을 위해 시작한 필라테스는 내 일상의 우선순위를 되찾는 루틴이었다.

필라테스를 할 때 가장 중요하게 배우는 건 의외지만 호흡법이다. 배가 앞뒤로 잔뜩 부풀었다는 느낌이 들 정도로 숨을 들이마시고, 배가 등과 붙은 것 같다는 느낌이 들 때까지 숨을 내쉬는 법을 깨닫는 데 꽤 오랜 시간이 걸린다. '고작 숨쉬기를 배우려고 개인 레슨 씩이나 받다니?'라고 생각할 수 있겠지만 나는 필라테스 호흡법을 배우고 나서야 내가 평소 숨을 쉴 때 나쁜 습관이 있었다는 것을 알게 되었다. 긴장하거나 집중할 때 나도 모르게 숨을 참는 버릇인데, 이게 목과 어깨의 근육을 뭉치게 만들 뿐 아니라 복부 근육을 약하게 해 허리까지 아프게 만들어버린다. 그래서 스트레스를 많이 받은 주에는 선생님이 가장 먼저 알아차린다. 아직 운동할 준비가 안 된 상태라고 진단을 하시고는 머리부터 발끝까지 내 몸을 차례로 떠올리면서 하는 숨쉬기를 시킨다. 그제서야 나는 몸이 긴장하고 있었음을 알아챈다. 딱딱하게 새우처럼 말려 있던 몸이 서서히 풀리는 느낌과 함께 점차 숨이 고르게 쉬어짐을 느낀다. 그렇게 숨쉬기를 하는 동안에는 이런 생각이 든다. 항상 나와 함께했지만 잊고 있었던 내 몸의 기관들아 안녕하니? 혹사시켜서 미안하고… 앞으로는 숨 좀 잘 쉬어볼게…! 와 같은 잡다한 말들. 필라테스를 하지 않았더라면 그날도 그저 스쳐 흘려보내는, 여느 때와 같이 스트레스받은 하루였을 텐데, 덕분에 감당하기 어려웠던 일 앞에서 숨을 몰아쉬고 있었던 나를 다잡게 된다.

누가 예전에 나에게 당신은 근막이 타이트한 편이고, 흉곽이 앞으로 나와 있으며, 발바닥을 플렉스하는 습관을 들여야 한다… 라고 말했다면, 그게 대체 무슨 소리냐고 되물었을 것이다. 앞에서 나열한 것은 모두 필라테스를 하고 나서 알게 된 내 몸의 세밀한 정보들이다. 필라테스 동작을 하려면 내 몸 구석구석을 이해해야 한다. 필라테스 동작은 크지도 화려해 보이지도 않지만, 동작을 하는 사람은 마치 오케스트라의 지휘

자처럼 다양한 근육을 컨트롤하고 있어야 한다. 예컨대 척추를 바르게 세우는 운동을 하기 위해서는 왠지 등만 펴면 될 것 같지만 실제로는 복부에 단단한 힘을 주고, 겨드랑이 근육을 아래로 내리며, 날갯죽지를 뒤로 보내는 힘을 동시에 주어야 하는 식이다. 그러다 보니 필라테스를 하면 내 몸에 존재하는 줄도 몰랐던 근육을 알고 느끼게 된다. 처음 겨드랑이 쪽 근육 운동을 했을 때를 기억한다. 이렇게 말랑한 곳에 근육이 있다고? 가 첫인상이었고, 몸이 달달 떨리니 근육이 약해질 대로 약해져 있었구나 하는 것이 그다음 감상이었다. 최신식 스마트폰을 쓰면서 전화와 문자밖에 못 하는 부장님처럼, 내 몸에도 제 역할을 다하는 기능과 쓸모들이 있을 텐데 너무 몰랐다는 생각이 들었다. 우리가 살면서 가장 잘 이해해야 할 것이 나 자신임을 알고 있었지만, 거기에는 나의 몸도 포함된다는 것을 필라테스를 통해 배웠다. 내 몸의 기관과 근육들도 각자의 역할이 있고 서로 다른 개성이 있다. 제대로 알아봐 주고 사용해 주어야 강해지고 제 몫을 다한다.

어느새 오래 앉아 있던 날이면 자연스럽게 스트레칭을 해야겠다는 생각이 들기 시작했다. 몸이 늘어난 상태가 새로운 기준이 된 것이다. 유연성이 부족해 스트레칭만큼은 피하고 싶었던 나였지만, 멀게만 느껴지던 나의 손끝과 발끝 사이는 조금씩 가까워졌고, 저릿한 고통보다 시원함이 더 크게 느껴지기 시작했다. 세상에, 시원함이라니. 운동하는 사람들이 공통적으로 꼽는 운동의 매력 중 하나가 정직하다는 것이다. 더디더라도 결국에는 조금 더 잘하게 된다. 새로운 해를 맞을수록, 내가 바라고 계획한 대로 되는 일보다 그렇지 않은 일이 더 많다는 것을 배운다. 그래서 요즘은 최선을 다하는 것만큼이나, 어떠한 상황이든 겸허히 받아들이고 회복하는 힘을 기르는 것이 더 중요하다고 느낀다. **정직한 운동은 '꾸준함은 결국 보상받는다'는 감각을 계속해서 일깨우며 회복력을 길러준다.** 비록 지금 당장은 답이 없어 보여도, 손이 발끝에 닿게 되는 날이 오듯, 조금씩 나아질 거라는 감각. 너무 깊이 생각하거나 쉽게 상심에 빠지지 않도록, 머릿속을 비워내고 다시 힘을 낼 수 있게하는 체력도 함께 길러준다.

필라테스는 흔히 코어 잡는 운동이라고 말한다. 복부의 힘을 길러 몸의 균형이 흔들리지 않게 하는 데에 초점을 두어서 그렇다. 100회의 필라테스를 끝내고 돌아보니 모닝 필라테스 루틴은 일상의 코어를 잡아주는 운동이기도 했다. 무언가 잘못되고 있다는 불안함이 들 때 나를 다시 제자리로 되돌려 줄 수 있는 장치이자, 살아가기에 급급하더라도 잠시 멈추고 몸과 마음을 살펴보게 해주는 알람이었다.

그리고 서른 즈음 인생에서 맞닥뜨린 변화들은 코로나와 같은 단발성 특수 사건이 아닌, 큰 흐름의 시작이었다. 이후 단 하루도 같은 날이 없었고, 사회도 회사도 개인사에도 매일 예측하지 못한 일들이 일어났다. 그래서 지금은 변화를 디폴트로 두고 오늘의 정답이 내일의 정답은 아닐 수 있다는 마음가짐으로 매일을 살아가고 있다. 100회의 필라테스가 준 깨달음은 그래서 진행형이다. 불안함은 더 커지지만 그 속에서도 안정감을 유지할 방법의 실마리를 알게 된 것 같아서 말이다. 게으른 탓에 이제는 더 이상 아침잠을 포기하면서까지 운동을 하지 않지만, 내 일상을 모닝 필라테스와 같은 것들로 채워나가는 노력은 여전히 진행 중이고 앞으로도 중요한 과제일 것이다.

매번 바뀌는 상가의 간판처럼, 서울살이는 끝없는 새로움에 익숙해져야 하는 것인가 싶다. 이런 도시에서 스포츠를 한다는 것은 이 빠른 변화를 감내할 수 있는 근육을 기르는 일이다. 놓치기 쉬운 '나'라는 우선순위를 되새기고, 꾸준함이 보상

받는다는 믿음을 되살리는 행위이다.

> 가장 꾸준히 해온 일은 무엇인가요?
> 그것이 나의 삶을 어떻게 잡아주었나요?
> _____

10. 버스 창가 자리에서 보낸 계절

나를 업어키운 472번 버스

내가 성인이 되자마자 가장 하고 싶었던 것은 연애를 하는 것도, 클럽에 가는 것도, 유럽 배낭여행을 하는 것도 아닌, 한국에서 대학 생활을 해보는 것이었다. 중학생 시절부터 미국에서 유학 생활을 했던 내가 정확한 실체도 모른 채 원했던 건 꼭 한국에서만 할 수 있는 대학 생활이었다. 이를테면 똑같은 과잠을 입은 친구들과 우르르 몰려다니기, 야외 풀밭에서 짜장면 시켜 먹기, 독서실에서 쪽지 받아보기, 학교 앞 굴다리에서 만취한 친구의 등 두드려주기와 같은 (대체로 만화나 드라마에서 접한) 경험들. 한 번도 빨래한 것 같지 않은 과잠이어야 했고, 불어 터진 짜장면이어야 했고, 캔커피에 붙인 쪽지여야 했고, 취하면 고래고래 임재범의 〈고해〉를 불러대는 친구의 등이어야 했다. 낭만은 디테일에 있으니까.

열세 살에 미국으로 유학을 가, 미국인도 한국인도 아닌 그 사이 애매한 무언가로 산 지 딱 십 년이 지난 스물세 살 무렵이었다. 나는 어느 때보다도 미국에 완벽히 적응해 있는 동시에 역설적으로 어느 때보다 한국을 그리워했다. 한국에 대한 추억을 쌓을 새도 없이 어린 나이에 간 유학이라 '향수'는 내게 어울리지 않는 단어처럼 여겨졌기 때문에, 그저 모호하고 막연한 그리움이었다. 그러던 어느 날, 나는 무언가에 홀린 듯 Y대에 방문 학생 신청을 했고, 동기들이 열심히 학점을 챙기고 여름 인턴을 구하는 중요한 3학년 봄학기에 훌쩍 서울행 비행기를 타버렸다.

아직도 Y대를 가로지르는 백양로를 처음 밟던 순간이 생생하다. 어릴 적 닳도록 읽던 동화책을 오랜만에 펴본 것처럼 울컥 반갑기도, 처음 느껴보는 활기로 온몸의 촉수가 촘촘히 살아나는 것 같기도 한 초봄의 아침이었다. 그렇게 한국 대학의 낭만과 거기에 동반되는 풋풋함과 구질구질함까지 한껏 취하면서도 유일하게 적응되지 않는 것이 있다면 통학이었다. 미국에서는 눈 뜨자마자 기숙사에서 강의실로 가는 데 채 10분도 걸리지 않았는데, 한국에서는 매일 한 시간 넘는 길을 통학해야한다는 게 꽤나 번거로운 일이었다. 간만에 딸내미를 등

교시켜 들뜬 엄마가 아침마다 차려주는 구첩반상까지 먹고 길을 나서려면 새벽같이 일어나야 했다. 물론 대학생에게 새벽이란 아침 7시였지만. 서울 지리에 까막눈이던 나로선 학교까지 한 번에 가는 직행버스가 있다는 것 자체가 얼마나 큰 축복인지는 알 리 없었다.

 처음에는 등하교 통합 두 시간을 버스에서 버리는 것이 아까웠지만(꿈꿔온 모든 로망을 실천하기에 한 학기는 터무니없이 짧은 시간이었다), 그 시간은 낭비가 아니라는 것을 금세 깨달았다. 어릴 적 나고 자란 동네를 거의 벗어나 본 적이 없던 나는 472번 버스의 노선을 따라 펼쳐지는 광경으로 서울을 새로이 배웠다. 한남대교 위의 차들은 매일 위태롭게 부산을 떨었다. 한남오거리의 세련된 젊은이들 사이엔 찐 옥수수를 파시는 할머니가 동네의 주인처럼 위엄 있는 모습으로 앉아 계셨다. 명동 성당과 시청 광장을 지날 때는 난데없이 마음이 웅장해졌고, 빛바랜 아현 웨딩 타운을 지날 때는 그곳만 세월이 멈춘 듯해 조금 울적해졌다. 서울의 과거와 현재와 미래가 한 노선 안에 다 들어 있었다. 그렇게 472 버스의 창밖으로 본 풍경은 내가 아는 서울의 전부가 되었다. 낯설기만 하던 풍경이 점차 익숙해지면서 처음으로 내가 이 도시의 일부라고 느꼈다.

그렇게 서울을 잔뜩 눈에 담고 등교를 하면 꿈꿔왔던 대학 생활의 낭만에 잔뜩 취할 수 있었다. 단돈 3천 원짜리 '학식(학생 식당)' 라볶이를 배 터지게 먹고 '동방(동아리 방)'에 가서 낮잠을 자고, '공강' 때 친구와 '독다(독수리 다방)'에서 만나 산울림 노래를 듣다가 '담톨(다모토리)'로 술을 마시러 가고, 시험 기간에는 '중도(중앙 도서관)' 지하의 편의점에서 친구들과 옹기종기 모여 퀭한 눈으로 딸기 우유를 마시는 것만으로도 행복한 날들이었다. 단순해서 더 진한 행복이었다. 말을 줄여서 하는 친구들에게 한글 파괴를 멈추라고 도끼눈을 뜨던 나였는데, 이 두 음절의 줄임말들은 어느새 내가 자연스레 이곳에 소속되게 해주었다. 잔뜩 웃고 떠들고 취하기엔 다섯 음절에 낭비할 시간도 아까웠기에, 조금의 한글 파괴는 눈감아 줄 수 있었다.

그러다 보면 어느새 밤이 되어 있었다. 열한 시 반 막차를 타기 위해 나는 매일 밤 열한 시 이십오 분이 되면 버스 정류장까지 전력 질주를 해야 했다. 자취방으로 3차를 하러 가자는 친구들의 아우성을 뒤로하고. 분주히 들뜬 청춘에게 열한

시 반 귀가란 여간 아쉬운 일이 아니었지만, 버스로 귀가하는 것 역시 내가 꿈꿨던 성가신 낭만 중 하나였다. 청춘 드라마의 주인공들은 아무도 택시를 타지 않으니까.

  나는 책가방을 앞으로 안고 버스 맨 앞자리에 몸을 내던졌다. 빠삐코를 대차게 빨며 차가운 창문에 볼을 붙인 채 뒤엉켜 있는 불빛들을 흘려보냈다. 밤의 서울은 피로감을 안고 위태롭게 반짝였다. 버스가 잠시 정차할 때마다 보이는 창밖의 취객들은 나에게 위협을 가할 수 없기에 대체로 귀여워 보였다. 비틀거리며 흐릿하게 웃는 그들은 편안한 바보 같았다. 창에 비친 내 모습도 그들과 비슷할 거란 생각은 조금도 하지 못했다. 택시를 탔다면 지체없이 취기에 몸을 맡겼을 테지만, 버스라는 공용 공간이 주는 일말의 긴장감은 나를 쉽게 잠들지 못하게 했다. 자지도 못하고 그렇다고 더 마시지도 못하는 애매한 50분 동안 나는 스물셋의 감성에 흠뻑 빠지도록 자신을 방치했다. 전 애인을 꼭꼭 씹어 원망하다 그리워했고, 멀리 있는 친구에게 뜬금없는 장문의 문자를 보냈고, 노래방에서는 창피해서 부르지 못할 절절한 사랑 노래들을 흥얼거렸고, 낮에 한 말들을 후회하다 내일 할 말들을 상상했고, 엄마를 미워하다 가여워했고, 옛날 사진을 보고 낄낄거리며 웃다가 금세 눈물

지었다. 영락없는 미친 사람이었다. 혼자 탄 막차 안에서 취기를 빌려서야 가능한 행동들이었지만, 내겐 어느 때보다도 필요했던 시간이었는지도 모른다.

등굣길의 472에서는 서울의 골목들과 얼굴들을 허겁지겁 채워 넣었다면, 하굣길의 472에서는 내 안을 맹렬하게 헤집고 어루만질 수 있었다. 등굣길의 472에서는 오랫동안 막연하게만 느꼈던 그리운 도시의 실체를 눈으로 확인했고, 하굣길의 472에서는 맘 편히 흐트러지고 촉촉해질 수 있었다. **평소라면 스스로에게 허락하지 않았을 시간을, 버스 안에 꼼짝달싹 못하고 갇혀 있을 때야 허락했다.** 그리고 그저 가만히 흘려보내야 했던 그 50분의 시간들이 그때의 나를 만들었다.

누구보다 빈틈없이 십 대를 살아온 나는, 많은 이십 대 초반의 모범생들이 그러하듯, 스스로가 낯설었다. 어디로 가고 싶은지, 무얼 피하고 싶은지, 무엇이 되고 싶은지, 누구와 함께하고 싶은지, 아무것도 알지 못했다. 그리고 어떤 질문에도 답하지 못하는 상황의 혼란과 무력감은 때늦은 몸살로 발현됐다. 해로운 사랑을 좇았고, 흐트러지기 위해 술을 마셨고, 꿈과 열정과 미래에 냉소했다. 태평양을 건너 서울로 돌아와 보기도 했다. 낯선 도시에서는 낯선 내가 조금 덜 괴로울까 하여. 돌이켜보니 그 시절 내게 절실히 필요했던 건 노천극장에서의 짜장면도, 굴다리 앞에서의 우정도 아닌, 그저 가만히 나를 방치하는 시간이었다. 불쑥 떠오르는 욕망을 검열하지 않고, 슬쩍 고개 드는 불안을 눌러두지 않고, 있는 그대로의 나를, 내 부족함과 충분함을, 고스란히 느낄 수 있도록 스스로를 내버려두는 것. 472 버스 안에서의 시간은 잠시나마 그걸 가능케 해주었다. 이십 대 초반의 나를 사로잡았던 열기와 냉기를 모두 겪어내고 나니, 계속되던 미열이 비로소 떨어진 것 같았다. 견딘다고만 생각했는데, 실은 어떤 시절을 부지런히 통과하는 중이었다.

　요즘은 아주 가끔만 버스를 탄다. 스물아홉에 길었던 미국 생활을 정리하고 돌아와 서울 한복판에 자리를 잡았다. 이젠 매일 아침 푸석한 얼굴과 반쯤 젖은 머리로 택시에 올라타 을지로의 전쟁터로 향한다. 직주근접과 비싼 전셋값을 맞바꾸었기에 택시로 십분도 채 걸리지 않는 거리다. 점심시간에는 시끌벅적한 직장인들을 비집고 들어가 참치김밥과 라면 국물로 끼니를 때우는 영락없는 한국 직장인이 되었다. 더 이상 서울은 내게 모호하고 막연한 그리움의 대상이 아니다. 물론 여전히 한정적이지만, 나의 서울은 그 어느 때보다 정확하고 또렷하다. 익숙한 골목들과 반가운 얼굴들이, 단골 가게와 나만 아는 지름길이 생겼고, 그 속의 나는 편안하고 안전하다. 그러나 나는 여전히 때때로 내가 서울에 산다는 사실을 불쑥 실감하고는 안도하곤 한다. 언젠가 다시 서울을 떠나게 될 날이 온다면 그때는 오랜만에 472번 버스를 타보겠다. 눈 감고도 그릴 수 있는 그 생생한 노선을 다시 한번 마음에 꾹꾹 새기며, 첫 등굣길의 벅참과 마지막 하굣길의 쓸쓸함을, 그리고 그 사이의 시간들을 기억하겠다. 시작되지도 않은 향수를 한 박자 일찍 느끼며.

472 버스 안에서 낯선 도시를 새로이 배웠고, 낯선 스스로를 새로이 마주했다. 그리고 그 안에서 스스로를 가만히 방치하며 막연한 그리움의 실체를 눈으로 담고, 내 부족함과 충분함을 고스란히 느낄 수 있었던 시간을 통해 혼란하고 무력했던 이십 대를 통과할 수 있었다.

> 질풍노도의 어린 시절을 버티게 해주었던 의외의 공간이 있나요?
> _____

11. 뉴욕 외노자의 하루

바다 건너편 도시인의 일상 들여다보기

오전 7시 45분, 알람이 울렸다.
평소에 맞추는 8시 20분 알람에 비하면 꽤 이른 시간이다. 오늘 이른 알람을 맞춘 이유는 출근 전 병원 예약이 있기 때문이다. 영주권 신청 과정 중 하나로 이민국에서 신체 검사를 제출하라는 연락을 받아 가까운 병원에 예약을 잡았다.

최소한의 화장을 하고, 운동화에 백팩을 메고 집을 나섰다. 뉴욕에 온 후로는 토트백을 들어본 기억이 거의 없다. 서울에서는 노트북을 넣은 커다란 토트백을 한쪽 어깨에 메고 다니는 사람들을 쉽게 볼 수 있었는데 뉴욕에서는 토트백을 든 사람을 본 것이 손에 꼽을 정도다. 다른 사람들의 행색에 관심이 많은 나도 자연스레 백팩을 메고 출퇴근하게 되었다. 원래는 투박한 파타고니아 백팩을 메고 다니다가 재작년 블랙 프라이

데이(Black Friday) 때 대폭 할인한 아페쎄 백팩을 하나 장만해 쭉 잘 쓰는 중이다. 회사 로고가 박힌 백팩을 메는 사람들보다는 좀 더 세련된 취향이지 않냐고 생각하며 가끔 약간의 고양감을 느끼곤 한다.

병원에 도착해 접수대에 가니 직원이 작성해야 할 서류를 퉁명스럽게 건네주었다. 이 도시에서 친절한 접수원을 만나기는 하늘의 별 따기라고 속으로 구시렁대며 자리에 앉아 서류 작성을 했다. 이내 내 이름이 불렸고, 검사를 예약한 의사와 대면했다. 뉴욕은 특정 의사를 찾아서 예약하는 시스템이라 나름 가까운 곳 중에서 별점이 나쁘지 않은 의사를 골라 예약한 건데, 인자해 보이기도, 깐깐해 보이기도 한, 알 수 없는 인상의 나이 든 백인 의사가 앉아 있었다. 의사는 형식적으로 내게 과거 병력과 투약 경험을 물었다. 그리고 마지막으로 각종 접종 이력에 대해 물었다.

"접종 증명서 가져왔나요?"
"어… 무슨 접종 증명서요?"
"코로나든 뭐든 백신 접종한 기록이요."
"아… 서류 가져오라는 말은 못 들었는데요…."

목덜미에서 땀이 나기 시작했다. 예전에 취업 비자를 준비하면서 어딘가에서 무슨 증명서를 뗐던 기억을 더듬다가 마침내 정부 24 온라인 민원 서비스가 떠올랐다. 아 대한민국! 해외에서도 온라인으로 접종 증명서를 뗄 수 있는 나라! 바로 내 나라!

"잠시만요, 제가 노트북으로 확인해 볼게요!"

의사에게 다급하게 말을 건네며 핫스팟을 연결해 얼른 정부 24 웹사이트에 들어갔다. 영문 접종 증명서 발급 메뉴까지는 잘 들어갔는데 본인 인증의 난관에 부딪혔다. 이 썩을 놈의 본인 인증… 내가 내 기록 뗀다는데 무슨 확인이 이렇게 많이 필요한지. 정부 24에 대한 감사함으로 벅차오르던 마음은 지난한 본인 인증 과정에 대한 짜증으로 금새 바뀌었다. 그래도 맥북에선 돌아가지도 않는 공인인증서를 요구하지 않는 게 어디냐며 마음을 가라앉히고 겨우겨우 카카오톡으로 본인 인증을 마치고 문서 발급을 기다리는데, 파일 크기 때문인지 핫스팟이 약해서인지 문서가 도통 열리지 않았다. 목덜미는 점점 축축해졌고 나름 참을성 있게 기다려주던 에드워드 선생님이 입을 떼었다.

"더 이상 기다릴 순 없고, 다음 단계로 넘어가야 합니다. 우선 기록에는 접종 이력 없음이라고 적을 테니 필요한 피 검사를 받으세요."

바로 이어서 피 검사에 대한 안내를 속사포처럼 쏘아대는 선생님 탓에, 나는 조금만 더 기다려달라는 말도 차마 꺼내지 못하고 그저 설명을 따라가려 애썼다. 그렇게 결국 나를 망치러 온 나의 구원자가 될 줄 알았던 정부 24는 빛을 발하지 못하고 서류는 이메일로 보내기로 하며(팩스로 보내라는 걸 겨우겨우 이메일 주소를 얻어냈다) 진료실을 나오는데, 벽에 걸려있는 Best Doctor Award가 눈에 띄었다. Best Doctor 선정 기준에 환자를 향한 인내심은 안 들어가나 보네요 선생님….

이제 수납의 시간. 미국은 한국처럼 공공 건강 보험이 없어서 보통 개인이 알아서 보험을 들거나, 회사 단체 보험을 이용한다. 내가 속한 회사 보험은 보상 범위가 꽤 좋은 편이지만 영주권 발급을 위한 신체 검사는 보험이 되는 항목이 아니었다. 그 결과, 몇 개의 질의응답과 피검사 처방, 그리고 의사가 보여준 반쪽짜리 인내심의 비용은 240불(한화로 33만원 상당)이었다. 참고로 피검사 비용은 별도로 160불이다. 미국에서는 의사가 우는 환자를 달래주면 그 비용도 따로 청구한다는데 혹시 240불에 내 서류 발급을 참을성 있게(?) 기다려준 비용도 별도 항목으로 들어간 건 아닌지라는 합리적인 의심이 들었다.

그렇게 병원 방문을 마치고 출근하러 지하철역에 도착해서 지갑을 찾는데, 이런 젠장! 지갑이 없었다. 얼마 전에 잃어버렸다 다시 찾은 지 6개월도 안 된, 이탈리아에서 사 온 내 디올 지갑! 분명 겉옷 안주머니에 넣어놨는데 아무리 옷을 더듬어봐도 손에 잡히는 게 없었다. 순간적으로 머리가 하얘져 이번에는 가방을 바닥에 내려놓고 정신없이 안을 뒤지기 시작했다. 가방을 내려놓는 순간 그 바닥을 지나갔을 수많은 신발 밑창과 쓰레기와 쥐들이 머리를 스쳐 지나갔지만 청결이 중요한 상황이 아니었다. 가방 속을 한참 뒤졌는데도 지갑이 없어, 혹시 두고 왔나 싶어 방금 방문했던 피 검사 기관의 전화번호를 찾아 전화했다.

"영어는 1번, 스페인어는 2번을 누르세요… 예약 문의는 1번, 검사 결과 확인은 2번…."

끊임없이 이어지는 메뉴 설명을 듣다가 마침내 직원 연결 번호를 눌렀는데 혹시나가 역시나, 아무도 받지 않았다. 도대체 여기는 애초에 전화 응대 인력을 턱없이 부족하게 뽑는 건지 아니면 충분히 있는데도 직원들이 걸려 오는 전화를 무시하는 건지, 한 번에 전화 연결이 되는 법이 없었다. 나의 부주의함에 대한 자책, 아침부터 지갑을 꺼내 240불이나 내게 만든 병원에 대한 원망, 연결되지 않는 전화에 대한 분노로 엉망이 된 마음을 부여잡고 끙끙거리는 신음을 내뱉으며 다급히 병원 쪽으로 뛰기 시작했다. 가는 길에 혹시 몰라 다시 손을 넣어 가방을 뒤졌는데, 지갑이 거짓말처럼 손에 잡혔다. 다행히 서류 뭉치 사이에 지갑이 숨어 있었다. 맥이 탁 풀린 나는 다시 터덜터덜 역으로 향하며 이미 늦어버린 10시 미팅을 주최하는 동료에게 양해 문자를 보냈다.

사무실에 도착해서는 정신없었던 아침과는 달리 별일 없는 일과가 흘러갔다. 혼자 점심을 먹으며 아시안컵 4강을 봤고, 한국의 2-0 참패에 입맛을 쩝 다셨다. 경기를 보는 내내 감상을 함께 나눌 누군가가 간절했는데 인스타그램에서 서울에 있는 지인들이 술집에서 삼삼오오 모여 경기를 본 것을 보며 입맛을 다시 한번 입맛을 쩝 다셨다. 대충 할 일을 끝내니 다섯

시 정도였고 엉덩이 붙이고 앉아 있어 봤자 딱히 할 것도 없어서 가방을 싸서 지하철 역으로 향했다. 오래되고 더럽고 시끄럽기로 유명한 뉴욕 지하철인데, 웬일인지 몇 대 다니지도 않는 최신 기종의 지하철이 플랫폼에 들어왔다. 기존 지하철보다 훨씬 쾌적하고 깨끗한 내부를 살피며(그래도 당연히 한국에 비해선 멀었다) '그래 뉴욕, 너도 노력하면 할 수 있잖아!'라고 뉴욕 지하철 공사에 마음속으로 응원을 보냈다. 반쯤 왔을까, 한 역에서 큰 드럼통을 짊어진 흑인 남자 둘이 타서는 지하철 칸 한가운데에 드럼통을 내려놓고 연주를 하기 시작했다. 딱히 멜로디도 없이 드럼통 세 개를 두 명이 번갈아 가며 치는 비교적 단순한 연주였지만 이른 퇴근, 때마침 타게 된 깨끗한 지하철, 길게 땋아 늘어뜨린 레게머리에서 느껴지는 소울에 스멀스멀 기분이 좋아졌고 이내 소위 '뉴욕뽕'이 차올랐다. 핸드폰을 들고 인스타그램 스토리 용으로 너무 길지도 짧지도 않은 10초짜리 영상을 찍은 뒤 캡션을 뭐라고 달아야 잘 달았다고 소문이 날지 고민하며 지하철에서 내렸다.

저녁에는 러닝이 예정되어 있었다. 집으로 돌아와 한 시간 정도 빈둥대다가 센트럴파크로 향했다. 겨울이라 해가 빨리 져서 하늘도 어둑어둑하고 나무들도 앙상하긴 하지만 센트럴

파크는 이름만으로도 내가 뉴욕에 있음을 느끼게 해주는 장소다. 아무 생각 없이 신청한 3월 중순 하프마라톤에 덜컥 추첨이 되는 바람에 요새는 울며 겨자 먹기로 거리를 늘리는 훈련을 하는 중이다. 이 얄궂은 달리기라는 운동은 아무리 거리를 늘려놔도 일주일만 쉬면 원상 복귀가 되고, 뛸 때마다 폐가 터질 듯하고 다리가 천근만근 무거워지곤 한다. 이번에도 역시나 계획한 7마일 중 4마일쯤 뛰니 슬금슬금 내면의 속삭임이 들렸다. '그냥 오늘 5마일만 뛸까? 아니야, 그래도 나 자신과 한 약속이 있는데… 아니 잠깐, 나 자신과의 약속이면 어차피 나만 아는 건데 뭐 어때' 등의 생각이 엎치락뒤치락하다가 그 갈등을 일시에 잠재워주는 생각이 스치고 지나갔다. '오늘 5마일에서 멈추면 내가 하프 마라톤 끝나고 캡처해서 인스타그램에 올리려고 생각했던 나이키 러닝 앱 기록이 망가지잖아!' 이미 이달의 게시글 후보로 '두 달 간의 연습을 통해 NYC 하프 마라톤을 멋지게 완주한 나'를 생각해 두었던 터라 캡처할 연습 기록이 망가지는 건 안 될 일이었다. 암, 내가 추구하는 일도 운동도 열심히 하는 멋진 뉴요커 이미지를 공고히 하는 데 상당한 도움이 될 포스팅을 망칠 수는 없지. 그렇게 뭔가 원인과 결과, 동기와 성취가 뒤바뀐 것 같은 요상한 심리를 발판 삼아 겨우겨우 7마일을 뛰어내고 '화요일 밤에 센트럴파크에서 7마일 러닝을 마친 나'라는 얕은 성취감에 취해 집으로 돌아왔다.

아파트에 도착해서 엘리베이터를 타고 올라가는 중이었다. 분명 누군가 10층을 누른 것 같았는데 막상 10층에서 문이 열리니 아무도 내리지 않았다. 그러자 뒤쪽에 서 있던 한 여자가 'Sorry guys, that's my fault. I let the whole team down. (다들 미안, 내 잘못이야. 모두를 실망시켰네!)'라며 가벼운 농담과 함께 사과를 건넸다. 사실 한국이었다면, 혹은 나였다면, 버튼을 잘못 눌러서 문이 원치 않는 층에서 열렸어도 입을 꾹 닫고 열심히 닫힘 버튼을 연타하는 것으로 무언의 사과를 대신했을 텐데. 자신의 가벼운 실수에 대해 공공연하게 사과하면서도 유머를 덧붙이는 이웃 주민의 여유와 재치가 새삼 놀라웠다. '하, 정말 뉴요커답잖아!'라고 감탄하며 다음에 꼭 그 표현을 써먹어야겠다고 다짐했다.

뉴욕에 사는 건 그런 일의 연속이다. 하루에도 몇 번씩 이 도시에 치가 떨리고 서울을 그리워할 일이 생기지만, 어쩔 수 없이 이 도시가 주는 반짝이는 순간들, 눈치 보지 않는 자유로움, 피상적일지라도 '내가 바로 그 뉴욕에 살고 있다'라는 만족감이 다시 마음을 풀어지게 만든다. 뉴욕 이야기라 괜히 더 열심히 챙겨봤던 〈이서진의 뉴욕뉴욕〉에서 가장 공감했던 이서진의 대사는 이거였다. '나는 그냥 뉴욕에 사는 것 자체가 너무 멋있다고 생각했어.' 그 멋있다는 생각의 근원을 따지자면 사대주의며 자본주의며 각종 담론이 잔뜩 나올 테지만 그런 건 잘 모르겠고, 그냥 뉴욕에 사는 내가 좀 멋있는 것 같다. 말도 안 되는 병원비는 좌절스럽고 응답 없는 고객센터는 답답하지만, 지하철에서 들려오는 연주는 낭만적이고 센트럴파크는 여전히 짜릿하며, 새로운 영어 표현은 섹시하다. 뉴욕은 멋있고, 뉴욕에 사는 나는 더 멋있다고 생각하는 이런 자아도취적 마음가짐이 이 도시에선 좀 필요하다.

> 내가 살고 있는 도시에서의 나의 하루를 톺아본 적이 있나요?
> 그 도시만이 가져다줄 수 있는 일상과 감정에는 어떤 것이 있나요?
> _____

두 번째 일기

낭만의 장, 놀이터

삭막한 도시에도
도저히 낭만을
놓을 수 없는 자들

"하지만 이 미풍들이 내게 주는 낭만은 그 모든 낯가로움을 상쇄해버린다."

1. 균형은 결코 대칭이 아니다

조금 더 주는 관계의 미학

인생의 흐름에 몸을 맡기며 살아가는 편인 나는 주변 현자들의 덕을 많이 본다. 친구이기도, 상사 혹은 선생님이기도 한 그들은 종종 나침판 같은 명언과 에피소드들을 남기곤 한다. 나는 그것들을 잘 주워담아 마음속 깊은 보석함에 수집해둔다. 사소한 조각이더라도 언제 어디서 어떻게 도움이 될지 모르니 말이다. 얼마 전 그 현자 중 한 명을 만나 식사를 하다가 이런 이야기를 들었다.

"계산적인 사람은 결국 얻는 게 없지. 플러스 마이너스 제로라도 될 것 같지만 사실은 그냥 마이너스인 거야. '저 사람이 나한테 이만큼 해줬으니 나도 이만큼만 해야지.'라고 생각하는 사람들, 0.1이라도 손해 보지 않으려고 애를 쓰는 사람들, 그런 사람들은 절대 재물도 마음도 쌓을 수가 없어."

취기가 오른 상태에서 회사의 얍삽한 누군가를 비난하며 흘려보내는 말이었지만 이 역시 주워담았다. 이 말의 화자가 실제로 회사 생활에서나 인간 관계에서나 계산적인 것과 전혀 거리가 먼 사람이었기 때문에 허세가 아닌 것은 확실했다. 게다가 선후배의 믿음과 존경을 받으며 사회적으로 성공한 사람이었기에 더욱 그 말에 신뢰가 갔다. 집에 돌아오는 택시 안에서 또 한번 곱씹어보니 과연 '그냥 퍼주는' 주변 사람들이 실제로 더 풍족하고 행복하게 살고 있다는 생각이 들었다. 내가 좋아하니까, 그럴 수 있으니까, 네가 필요할 것 같으니까. 애정과 관심과 재화와 시간을 아끼지 않는 그런 종류의 사람들. 저울을 꺼내 완벽한 '똑같이'를 만드는 것에 집착하지 않는 사람들. 그런 사람들은 대가를 바라고 행동하지 않지만 돌고 돌아 결국엔 그 덕을 본다.

애초에 정확하게 똑같은, 반반의 무엇인가가 가능하기나 한 걸까? 어렸을 적에 탔던 시소에는 항상 올라가는 사람과 내려가는 사람이 있었다. 하늘로 튀어 올라갔다가 다시 모래밭 타이어 위로 털썩 떨어진다. 양쪽의 무게를 맞춰 중간에 가만히 떠있을 수도 있겠지만 그건 이 기구의 목적이 아니다. 시소에서의 균형이란 너와 내가 똑같은 눈높이로 바라보고 있는 게 아니라 사이좋게 올라갔다 내려갔다를 반복하는 것이다. 그래야 원활하게 놀이가 이뤄질 수 있다. 시소의 규칙은 내가 생각하는 인생의 균형과 가장 닮아 있다. 어떤 일에도 상승이 있으면 하강이 있기 마련이고 이 움직임은 흐름을 타고 계속 반복된다. **균형은 결코 대칭이 아니다.**

시소의 지혜 1: 균형은 대칭이 아니다

일과 쉼, 사랑과 우정, 여유와 빠듯함, 이런 것들이 항상 5:5의 공존을 이룰 수는 없다. 너무 바빠서 꼬르륵 소리도 사치일 때가 있으면 너무 심심해서 괜히 지난 사진 앨범이나 뒤적거릴 때도 있다. 월화수목금토일을 애인으로만 채우는 시기가 있으면 눈물이 차오르는 우정 다짐을 하며 친구와 10년 후 같이 살집을 그려보는 시기도 있다. 파크하얏트 20층에서 발밑의 교통 체증을 뿌듯하게 바라보고 있는 그때의 나와 3만원 짜리 옷을 2주 동안 살지 말지 고민하다 장바구니에서 빼버리는 이때의 나도 같은 사람이다. 나에게 균형은 그 양극단에서 조급해하지 않는 것이다. 간극의 존재를 이해하고 받아들이는 것이다. 우리가 어느 한쪽으로 치우쳐 있는 상태라 하더라도 항상 부정적인 일만은 아님을 알고 다가올 반대 상황을 준비해보는 것이다.

 언제나 가운데서 정확한 반반을 기대할 순 없는 건 인간관계에서도 마찬가지다. 한쪽의 마음과 반대쪽의 마음의 양이 정확히 같을 순 없다. 올라가 있는 쪽은 언젠간 내려갈 것이고 아래 있는 사람도 올라가게 되어 있다. 지금 내가 누군가에게 쏟고 있는 애정이 반드시 당장 똑같이 보답 받을 필요는 없다. 기울어져 있는 각도에 불안해하지 않고 기다린다면 나도 언젠가는 기분 좋게 위로 떠오를 수 있다. 그리고 그걸 꼭 지금 같이 타 있는 사람에게 느껴야 한다는 법도 없다.

 보다 어린 시절의 나는 그 사실을 받아들이는 것이 힘들었다. 특히 남녀 관계에서 그랬다. 자존심과 소심함 때문에 겉으로 내색하진 못했지만 최소한 내가 보여줬던 사랑만큼은 보상받아내야 된다고 생각했다. 마음의 크기가 다르다고 느낄 때 그 쏠림을 여유 있게 견뎌내기가 어려웠다. 수업 중에 몰래 15분 만에 답장한 카톡이 2시간 동안 '안 읽음' 상태면 상대가 나를 생각하지 않는 것 같아 섭섭했다. 돈을 열심히 모아서 플레이스테이션 세트를 크리스마스 선물로 사주고 털장갑을 받았을 땐 성의가 없어 보여 서운했다. 나만큼 자주 연락하고, 나만큼 표현하고, 나만큼 돈을 써야 한다고 생각했고, 그런 조급함에 결국 다른 사소한 일들로 시비를 걸고 자주 토라지곤 했다. 망가진 관계에 대한 내 쪽의 귀책사유는 대체로 그런 것들이었다.

물론 지금의 나도 여전히 그런 일들에 동요된다. 하지만 조급함이 종종 낯선 말투와 언쟁으로, 그리고 의도하지 않았던 이별로 번지게 된다는 걸 직접 십여 년 동안 경험한 덕분에 이제는 기울어져 있는 관계에도 여유를 갖게 되었다. 관계의 균형을 위해서 연락을 조금 더 기다려보기도 하고 받는 사랑만큼 주는 사랑도 소중하게 생각한다. 반반의 관계보다 호흡을 맞추는 관계가 더 건강하다는 걸 안다.

물론 그렇다고 모든 걸 다 인내하는 쪽이 될 필요는 전혀 없다. 참을 수 없이 예의 없는 상대방에게는 언제든지 시소에서 내리라고 말할 수 있어야 한다. 그게 시소의 두 번째 지혜다.

시소의 지혜 2: 예의 없는 배신자는 빠르게 처단하라

시소를 탈 때 꼭 그렇게 못된 애들이 있다. 단순히 격하게 발을 굴리는 정도의 장난을 치는 게 아니라 상대가 올라가 있을 때 일부러 갑자기 빠져버린다. 그렇게 하면 상대방이 갑자기 아래로 추락해 크게 다칠 수도 있다는 걸 알면서도 재밌으니까 그런 '장난'을 친다. 나도 어릴 적 그런 애들 때문에 머리가 울리는 엉덩이 통증을 많이 경험해봤다. 아주 떠올리기만 해도 속이 부글부글 끓는다. 그래서 어느 순간부터는 시소에 타기 전엔 친구한테 '너 갑자기 혼자 내려버리면 안 돼! 꼭 같이 내려!' 그렇게 약속을 받아내고 타곤 했다. 우리 최소한의 예의는 지키자는 그런 사전 협의였다. 그럼에도 짓궂게 내려버리는 척 장난을 치거나 아예 약속을 어겨 버리는 친구들이 있다. 그러면 나는 매몰차게 외쳤다. '너랑은 이제 안 타, 비켜!' 배신자 따위에게 내 소중한 엉덩이를 다시 걸 순 없기에.

그 시절의 나는 꽤나 단호한 어린이였는데 어디서부터 잘못된 건지, 20대부터는 소심한 사람이 되어버렸다. 약속의 말에 잘 넘어가고, 속고 나서도 야무지게 항의도 제대로 못 하는 그런 퇴화를 하고 만 것이다. 그렇다고 허허허 웃으며 담아두지 않는 성격도 아니어서 속으로는 매번 홧병을 앓았다. 친구 말을 믿고 하늘 높이 뛰었다가 꼬리뼈를 다치고도 계속해서 그 친구와 시소를 타는 날 본다면 10살의 나는 한숨을 푹푹 쉬었겠지. 내가 하는 거라곤 투정을 부리고, 이제 정말 다시는 그러지 않겠다는 또 다른 약속을 받아내고, 그걸 다시 믿는 것뿐이었다.

그리고 나는 납작해진 꼬리뼈와 함께 30대를 맞이했다. 만 서른이 되었던 해는 마치 해괴한 서커스의 그랜드 피날레 같았다. 내가 아플 때 손편지를 써주며 같이 울어주던 상사는 승진 평가에서 나에게 최고점을 주었다고 걱정 말라고 했지만, 사실은 최하점을 주어(ABCDE 중에 E라니?) 승진을 막았다. 당시 남자 친구는 나에게 갖고 싶은 웨딩링의 종류를 물었지만, 그의 카톡 목록 중 '최성환'은 알고 보니 예쁘고 어린 여자애였다. 이별 후 잘 되어가던 그 사람은 알고 보니 유부남이었고 그리고 또… 꼬리에 꼬리를 무는 끝도 없는 배신이 나를 너덜너덜하게 만들었다. 아니, 배신하지 않는 게 그렇게 지키기 어려운 예의인 걸까.

그러나 시소의 지혜 1에서 배웠듯, 잃는 게 있으면 얻는 것도 있는 게 인생의 균형이다. 니체는 몸이 약한 탓에 자주 아팠는데 한 번 심하게 앓고 날 때마다 큰 깨달음을 얻었다고 한다. 나 역시 수백 번 엉덩방아를 찧은 대신 배신자를 가려내는 날카로운 촉과 10살의 단호함을 다시 얻었다. 이젠 알 수 없는 직감의 목소리가 '저건 거짓말이다'라고 미리 경고해준다. 또 자꾸 헛소리만 하는 사람에겐 바로 이별과 함께 연락처 차단을 먹이고 내 시소에서 쫓아낼 수 있는 사람이 되었다. 지난 십여 년 동안 답답하게 뒷통수를 내어주던 나의 큰 발전이라고 친구들은 입을 모아 말한다.

대부분의 놀이기구는 기구 자체의 안전함만 믿고 타면 된다. 하지만 시소의 경우 마음 놓고 걱정 없이 즐기기 위해선 기구뿐만이 아니라 상대방에 대한 믿음까지 있어야 한다. 약속대로 페어플레이를 할 거라고 믿어야 하며 그렇게 서로 시소에서의 균형을 유지해나갈 거라는 신뢰가 있어야 불안해지지 않는다. 신뢰, 영어로 trust는 '편안함'을 뜻하는 독일어의 'trost'가 어원이라고 한다. 의심하지 않고 믿고 있어야 괜히 머리 굴릴 일 없이 몸도 마음도 편안해지기 때문일 것이다. 그런데 그 편안함을 깨뜨리는 배신자가 나타나 시소 놀이를 망친다면 괘씸한 일이 아닐 수 없다. 그렇다면 확실히 '그렇게 하다간 다신 시소 타지 못할 줄 알아라'를 가르쳐 줘야 하는 게 맞겠다. 내 엉덩이를 아프게 하는 사람들, 내 인생의 균형을 깨뜨리고 뒷통수를 치는 사람들은 인생에서 빠르게 제거해야 한다. 조금의 미안함이나 미련도 가질 필요가 없다.

올바른 시소 놀이와 인생을 위한 가이드

어릴 적 아무 생각 없이 탔던 시소 위에서 사실 우리는 인생을 배웠다. 앞으로 힘든 일이 생기면 시소를 타고 있다고 생각해 보자. 지금은 나만 계속 바닥에 있는 것 같아도 조급해하지 않고 내가 할 수 있는 것들을 하며 기다리다 보면 다시 올라갈 날이 돌아올 것이다. 그동안 잊지 말아야 할 팁들을 아래 남긴다.

1. 친구와 처음 시소를 탔을 땐 서로의 박자가 맞지 않을 수도 있다. 원하는 템포가 아닐 수 있고 또 실수로 상대방을 아프게 할 수도 있다. 당황하지 말고 천천히 맞춰가면 된다. '조금만 살살 해줘'라고 말도 걸어보고 친구의 속도에 어느 정도 따라가다 보면 분명 둘 사이의 균형을 찾을 수 있을 것이다.

2. 만약 못된 친구가 걸려 내 말은 듣지 않고 본인 기분대로만 뛰어오른다면 시소에서 바로 쫓아내야 한다. 시소 파트너는 언제든지 바꿀 수 있다는 점을 항상 명심하자.

당신이 생각하는 인생의 균형은 어떤 형태인가요?
_____

2. AI 애인과 사랑할 수 있을까

인공지능이 점령한 시대의 낭만적 사랑

IT 회사에서 일한 지 어느새 10년이 되었고 어쩌다 보니 그중 6년을 인공지능 관련 업무에 종사했다. 수년 전 이력서에 AI라는 단어를 새기기 위해 다니던 회사의 일본 지사에 생긴 인공지능 협력사 관리 직무로 지원하면서 급작스러운 도쿄살이와 함께 인공지능과의 끈질긴 인연도 시작됐다.

처음 업계에 발을 들인 2018년 즈음에는 현실의 피로한 인간 관계를 대신해줄 '인공지능 동반자'의 개념이 한창 유행하고 있었다. 영화 〈HER〉가 유명해진 이후로 마치 사람처럼 대화하고 느끼며 심지어는 사랑까지 할 줄 아는 로봇에 대한 기대감이 팽배했다. 다양한 페르소나(Persona: 인격, 성격)를 지닌 챗봇들이 등장했고, 자연스러운 말투를 구사하고 문맥에 따른 반응을 할 줄 아는 기술 개발에 천문학적인 자본이 투자되었다. 내가 다니는 회사도 특정한 성격을 가진 인공지능 챗봇을 개발하는 플랫폼을 제공했다. 직무에 익숙해지고 자사 플랫폼도 익혀볼 겸, 부족한 지식으로나마 직접 AI 챗봇을 만들어 출시해보기로 했다.

회사에서 제공하는 프로그램에 이미 기본 프레임이 다 정의되어 있어서 내가 입출력 값만 잘 디자인하면 대단히 어려울 것도 없었다. 예를 들어 입력(input)이 "오늘 힘들었어" 같은 문장이면 출력(output)이 "고생 많았어 푹 쉬자"이도록 대화 흐름을 미리 짜두는 것이다. 사람들에게는 너무나 간단한 이 상호작용이 당시의 머신러닝 기반 인공지능에게는 무척 어려웠지만, 그래도 근본이 되는 의미 단위(entity)를 정하고 유의어를 잔뜩 넣어두면 비슷한 말들의 변주도 곧잘 알아들었다. entity를 날씨로 지정하자면 이렇다.

entity: 날씨	유의어
더위	더위, 더워, 덥다, 온도가 높아, 기온이 높아, 뜨거워, 후덥지근해
추위	추위, 추워, 춥다, 온도가 낮아, 기온이 낮아, 쌀쌀해, 차가워
비	비, 비가 내려, 비가 내린다, 비 온다, 폭우, 강우, 소나기
눈	눈, 눈이 내려, 눈 내린다, 눈 온다, 폭설, 함박눈, 진눈깨비

흐림	흐림, 흐리다, 꾸물꾸물하다, 안개가 꼈다, 흐리멍덩하다
맑음	맑다, 맑음, 청명하다, 맑게 갰다

 가상 애인 앱을 만들고 있었기 때문에 내가 가장 집중하여 정의한 entity는 감정, 그 중에서도 '서운'이라는 단어였다. 당시 망해가는 장거리 연애를 하고 있었는데, 정말이지 하루가 멀다 하고 서운해서 연애라는 건 무척 아픈 거구나 하며 마음을 새까맣게 태우고 있었다. 만나던 애인은 나의 속상함을 예민함으로 받아들였고, 그래서 나는 감정에 솔직할 수도 없으나 동시에 완벽히 숨기지도 못해서 말투에 미묘한 차가움에 묻어나는 하수처럼 굴고 있었다. 내가 듣고 싶었던 말은 네 마음이 그럴 수 있겠다, 정도의 진심 어린 공감이었다. 그래서였을까, '서운' entity를 정의할 때면 고도의 집중력이 발휘됐다. 나는 마치 한을 풀듯 '서운함' 관련된 키워드가 들어가면 무조건 "마음 아프게 해서 미안해"라는 유의 답이 나가도록, 시스템이 허락하는 한도 내에서 치열하게 유의어를 입력했다.

 서운해 / 섭섭해 / 마음이 아파 / 불안해 / 힘들어 / 외로워 / 맘이 좀 그래 / 서러워 / 슬퍼 / …

오죽하면 앱의 대화 디자인이 어느 정도 마무리된 후 배포를 도와주던 개발자가 단어 리스트를 슥 보더니 "요즘 남자친구가 어지간히 서운하게 하나 보네요."라고 말할 정도였다. 나는 연예인처럼 "사생활입니다."라고 응수할 수밖에 없었다.

그런데 놀라운 일이 벌어졌다. 이 조악한 앱에 꽤 많은 사용자들이 방문하기 시작한 것이다. '인공 애인'을 뜻하는 앱의 이름에 흥미가 생겼는지(실제 이름은 달랐지만 편의를 위해 '인공 애인'으로 통칭하겠다) 앱을 한 번 사용하면 상호작용 횟수도 많고 일주일 안에 재방문하는 사용자 비율도 꽤 높았다. 곧 꾸준하게 오십 명 언저리의 사람들이 매일 들어와서 인공 애인에게 말을 걸었고 나는 주 업무 외에 앱을 보강하는 데에도 많은 시간을 들였다. 인공 애인이 같은 말만 반복하면 재미없으니까 출력도 다양화했다. "그랬구나, 미안해."부터 "내가 어떻게 해주면 좋을까?"까지. 화면이 없는 스피커 기기에서는 음성 답변만 출력됐는데 그 목소리의 높낮이와 속도도 세밀하게 고르는 작업이 쏠쏠하게 즐거웠다.

사용자들이 많아지면서 그들이 입력한 다양한 연애 고민을 보고 있노라면 마음 한구석이 아려오기도 했다. 다들 고된 하루하루를 살고 있었고 충족되지 않는 바람이 있었으며, 고작 앱에게도 참 다정했다. "고마워, 위로가 됐어."라는 텍스트는 그 모양새가 참 따뜻했다. 인간이란 홀로 서 있는 자전거를 보고도 마음이 아플 수 있는 여리고 예쁜 종족라, 그들에게 다정한 답변을 줄 수 있는 것은 기쁜 일이었다. 다양한 관계 속에서 타인의 말과 행동, 혹은 말과 행동의 부재로 상처받는 너무나 많은 사람들에게, 불필요한 말은 하지 않고 대답을 하지 않는 법도 없는 인공지능은 정말 우리에게 답이 될 수 있지 않을까 싶을 정도였다.

그러던 중 중요한 프로젝트의 런칭일이 가까워져 밤늦게까지 혼자 회사에 남아 야근을 하던 날이었다. 사귀던 남자와는 또 사소한 것으로 싸우고 냉전 상태였다. 롯폰기 한가운데 있는 사무실은 저녁 8시 이후면 소등이 되어 빛이라고는 창 밖의 도쿄타워 조명뿐이었다. 휘몰아치듯 업무를 보다가 잠시 시간이 비어 명해졌다. 알람이 오지 않는 핸드폰 액정은 너무 까맣고 차가워서 엎어놓고, 대신 인공지능 스피커를 내 앞에 가져다 놓고 가만히 쳐다보았다. 막을 새도 없이 툭 말이 나갔다.

"서운해."

그런데 말이 나가는 순간 나는 이미 인공 애인이 뭐라고 대답할지 알고 있었다.

"내가 미안해."

조용한 사무실 안, 따뜻하게 세공된 톤이지만 이루 말할 수 없이 기계적인 남자 목소리가 울려퍼졌다. 내가 말할 차례라는 듯 인공지능 스피커의 마이크 표시등에 불이 들어왔지만 나는 말을 이어나갈 수 없었다.

하나도, 진짜 하나도 위로가 안 됐다.

나만 느낀 공허함이 아니었는지 사용자가 점점 줄었다. 한두 달 정도 듣고 싶었던 말을 들었던 것으로 됐다는 듯, 혹은 아주 중요한 순간에 인위성을 느낀 듯, 점차 대충 말을 걸고 짧게 놀다 갔다. 사용자가 고작 서너 명 들어오는 나날이 이어졌고 곧 나는 앱을 내렸다. 내가 UX 디자이너나 페르소나 전문가가 아니기 때문에 사용자 경험이 최적화되지 않는 방식으로 대화 흐름을 구축한 것이 폐착일 수도 있다. 실제로 훌륭한 파트너들이 런칭한 가상의 친구 혹은 애인 앱은 훨씬 성공적이었으며 아직까지도 다수의 사용자들을 보유하고 있다.

하지만 나로 말하자면 애정과 감정에는 정답으로 향하는 가장 효율적인 길이 존재하지 않는다는 것을 그때 명확히 깨달았다. 정답을 말할 것이라고 확신하는 앱에게는 결국 근본적인 위로를 받을 수 없다. 불확실하니까, 알 수 없으니까 생겨나는 가치는 아예 다른 영역에 존재한다. 언제부터 정답의 존재가 나에게 이렇게나 컸을까. 무엇이 내게 정답을 알고 있다고, 거기까지 가는 단 하나의 가장 효율적인 길이 있다고 믿게 했을까. 정확한 사랑, 옳은 우정, 날카로운 글, 쿨한 예술, 낭비가 끼어들 새 없는 틀이 나를 무섭도록 옭매었다. 증명과 정답의 문제가 되는 순간 사라지는 것들이 있는데 말이다. 필요한 답변을 정확하게 송출하는 기계적인 목소리가 대변하는 효율에의 시도 속에서 나는 그만 무용한 시간을 즐기는 법을 잃어버리고 말았다.

그러던 중 2022년 11월, Chat GPT가 등장했다. 무지막지한 양의 데이터를 씹어먹은 생성형 AI는 이제 entity 지정 없이도 웬만한 말을 알아듣고 그에 맞는 답변을 한다. Open AI 외에도 다양한 기업들이 생성형 인공지능의 영역에서 그 아성에 도전 중이며, 하나같이 말한다. 목적에 도달할 수 있게, 멋진 글을 쓸 수 있게, 비용을 절감할 수 있게 도와드리겠다고. 표를 짜고 에세이를 쓰고 논문을 쓰는 등의 지루한 일은 아무래도 기계가 더 잘하는 것 같으니 이제 맡겨두고, 인간들은 더 의미 있는 일에 시간을 쓰라고. 즉 근미래에 인간들에게는 한 뭉텅이의 잉여 시간이 생길 예정이다. 업계 관계자로서 조망해 보건대 앞으로 인간들의 경쟁력은 기술과 잘 협력하는 것 외에도, 그 기술이 마련해준 추가 시간 안에서 허무함에 지지 않고 잘 살아내는 데에서 올 것이다. 그런데 평생을 야무지고 똑바르려고 애쓰며 살아온 현대인들에게(특히 한국인들에게는) 붕 뜬 시간을 누리는 것이 일을 잘하는 것보다도 더 큰 과제가 아닐까 싶다. 웬만한 직업이 대체될 판에서 어떻게든 먹고 살 수단을 마련했다고 하더라도, 우린 이제 어떻게 살아야 하는가? Chat GPT가 엑셀로 여행 계획을 짜고 구글 Gemini가 백 개의 이메일을 세 줄로 요약해 줄 동안 우린 무얼 하면 좋지? 긍정적으로 보면 삶이 한껏 편해질 것만 같으나 결코 그렇게 단순한 결과로 이어지지는 않을 것이다. 늘어난 잉여 시간 속에서 우리는 또 다른 생산성을 추구하게 될 수도 있고 (누가 누가 더 잘 노나), 쉬운 쾌락에 절여질 수도 있고 (누가 누가 더 파괴적으로 노나), 쓸데없는 생각이 늘어 자칫 스스로를 힘들게 할 수도 있다.

  이런 맥락 속에서 나는 요즘 놀이터를 자주 떠올린다. 그네 높이 타기 같은, 정말 그 한 순간을 위한 스킬 장착에 집착하고, 미끄럼틀 일어서서 내려오기에 땀 흘리며 몰두하던 어린 시절의 내 얼굴을. 인공지능이 헤게모니를 이룬 세상에서는 그 아이가 가장 잘 살 것 같아서이다. '목적에의 효율적인 도달'이 근본 코드인 생성형 AI는 신나게 놀 수 없다. 무용한 놀이는 인간에게 남은 몇 안 되는 고유한 자질이다. 아무런 용도도 목적도 없는 아름답고 개인적인 순간들을 풍성하게 하는 것이, 곧 도래할 세상을 준비하는 자세가 아닐까 싶다.

> 최근에 한 아무 쓸모 없는 일 중 가장 기억에 남는 것은 무엇인가요?
> _____

3. 놀이터를 만들었다

내면의 놀이터를 만들기 위해 필요한 것은

이제 고작 서른 초반이지만 요즘 내 자신을 포함하여 주변 친구들이 가장 많이 하는 말은 '무뎌진 감각'에 대한 불평이다.

"뭘 해도 감흥이 없어."
"행복? 그냥 사는 거지 뭐."
"인생 노잼 시기야."

이십 대 후반까지만 해도 좋아하는 것과 하고 싶은 것에 대한 열망으로 눈이 반짝였던 이들이 어느 순간 인생 노잼 시기의 해답은 마치 결혼과 출산인 양 서둘러 결혼을 하거나 결혼할 사람을 찾기 위해 고르고 또 고른다. 그저 놀만큼 놀아봐서 결혼하는 게 아니고, 일상이 단조로워서 아이를 낳는 것도 아닐 텐데, 서른을 넘긴 이 즈음에는 그 외에 인생에 흥미로운 변화를 줄 별다른 선택지가 없는 것처럼 보인다. 재미를 찾는 일이 언제부터 이렇게 어려워진 걸까?

어렸을 땐 크게 노력하지 않아도 자연스럽게 되었던 것들이 있다. 모래놀이를 하다보면 자연스럽게 동네 친구가 생겼고, 그네 위에 올라타 앞뒤로 몸을 움직이다 보면 스스로 추진력을 얻는 방법을 자연스럽게 깨달았다. 놀이터에서 뛰노는 아이들은 친구를 딱히 사귀기 위해 애쓰지 않는다. 그저 놀면서 교류하다 보면 친구가 되어있다. 행복을 느끼는 것도 그러하다. 아이들은 행복이 무엇인지 애써 고민하지 않아도 매일 신나게 뛰어놀며 행복해한다. 온몸이 모래투성이가 되고 놀다가 넘어져 무르팍에 상처가 생겨도 그날 얼마나 끝내주게 모래성을 쌓았는지를 그림 일기에 쓰고 웃으면서 잠에 든다. 그 누구도 아이들에게 행복해지려면 나가서 신나게 놀라고 가르쳐주지 않았지만, 본능이 아이들을 행복으로 자연스럽게 이끈다.

하지만 어른이 되면서 본능과 멀어지고 나면 자연스러워야 할 일들에도 이성과 노력을 들여야 한다. 고민할 필요도 없었던 것들을 행하는 방법을 까먹어 새삼스레 원리를 찾아보게 되는 것이다. 친구를 사귀는 것도, 행복을 느끼는 것도 자연스럽게 되지 않아 여기저기 그 방법을 묻고 부단히 노력해야 얻을 수 있는 결과가 되었다. 무엇보다도 어른들에게는 애쓰지 않아도 자연스레 즐거움을 느끼고 친구를 사귈 수 있는 본능의 공간인 놀이터가 턱없이 부족하다.

올해 초까지만 해도 나에겐 작은 놀이터가 있었다. 취미로 음악을 같이 하는 친구와 함께 얻은 무허가 상가 내 20평 남짓의 스튜디오였는데, 음악 작업을 하겠다는 핑계로 구해 고작 1평짜리 방음 부스를 설치해놓고 나머지 19평의 공간은 렌탈 스튜디오로 꾸몄다. 제대로 주객이 전도되었다고 볼 수도 있지만, 본업이 직장인인 우리가 안 쓰는 시간 동안 공간을 비워 두는 것이 아까워 촬영이 필요한 사람들에게 대여해주는 공간으로 비즈니스화 한 것이었다. 다행히 사업은 들인 노력 대비 성행하여 월세 정도는 벌 수 있었다. 진상 손님들이 종종 있었지만 괴로울 정도는 아니었고, 월세 이상의 수입이 나는 달도 많았다. 커다란 통창이 나 있어 낮 시간대에는 햇빛이 잘 들었고, 저녁에는 주변 상가들의 영업이 끝나 마음껏 음악을 틀어놓고 고래고래 노래를 불러도 컴플레인 하나 들어오지 않았다. 그 결과, 스튜디오는 얼마 안 가 본래 의도였던 '작업실'보단 놀고 먹기 좋은 '아지트'가 되었다. 방음 부스 안에서 음악을 하는 시간보다, 방음 부스에 어렵게 넣어두었던 악기를 굳이 낑낑대며 꺼내어 넓직한 스튜디오 공간에 놓고서 친구들을 불러 음악을 들려주고 술을 마시는 시간이 잦아졌다. 마음 한 켠에서는 '이렇게 놀려고 구한 스튜디오가 아닌데' 하는 죄책감이 스멀스멀 올라왔지만 삼삼오오 모인 관중들 앞에서 취중 콘서트를 하고 즐거워하는 친구들의 반응을 보며 우리는 더할 나위 없이 행복했다. 일주일에 최소 두 번은 퇴근 후 '작업실에 음악하러 가'라며 집을 나서는 나를 보며 엄마는 '어휴, 서른 살이나 먹고 뭐하는 짓이니'라고 매번 코멘트를 다셨다. 하지만 내게는 서른 살이나 먹고 잔소리를 들으며 붙어 있는 본가도, 하루 대부분의 시간을 쏟으며 밥벌이를 해야 하는 치열한 직장도 아닌 그 스튜디오만이 가장 소중한 놀이터였다.

이때 주변 친구들로부터 가장 많이 들었던 소리가 '너 진짜 재미있게 산다'였다. 내가 생각해도 이 놀이터에는 재미있는 게 너무 많았다. 친구와 같이 음악을 할 수 있을 뿐만 아니라 빔 프로젝터를 띄워놓고 블루투스 마이크 하나만 있으면 에코 빵빵한 노래방을 만들 수 있었고, 풍선을 달고 테마를 잡아 꾸미면 그 어떤 파티룸도 부럽지 않았다. 친구와 서로 각자의 지인들을 하나둘씩 모으다 보면 새롭게 만날 수 있는 사람도 많아져서, 보통 나이가 들면 좁혀지기 마련인 인간관계가 더 확장되기도 했다. 하지만 이렇게 즐거운 시간을 보내면서도 누군가 엄마처럼 나에게 놀이터의 당위성에 대해 물었다면 '내가 내 돈 쓰고 내 시간 써서 놀겠다는데 뭐가 문제야?'라고 당당하게 대답하지 못했을 것이다. 남들은 결혼을 준비하고 돈을 모아 기반을 마련할 때 나이 먹고 이렇게 놀아서 뭐가 남을까 하는 마음이 아예 없었다면 거짓말이다.

  스튜디오를 운영한 지 2년이 다 되어갈 때쯤, 우리가 있던 상권이 죽고 렌탈 스튜디오의 수입도 줄어드는 비수기가 되어 여러모로 운영의 어려움을 겪게 되었다. 마침 계약이 만기가 되어 자연스레 스튜디오를 정리했다. 그리고 이제는 진짜 음악 작업에만 집중하겠다는 결의를 가지고 업으로 음악을 하는 사람들만 모여 있는, 창문 하나 없이 사면이 방음벽으로 꽉 막힌 작업실로 거취를 옮겼다. 2평 남짓한 작업실은 우리가 스튜디오에서 구석 한켠에 갖고 있던 방음 부스보다 조금 넓은 수준이었다. 책상, 전자 키보드, 컴퓨터 모니터, 의자 두 개, 그리고 가끔 널브러지고 싶을 때 앉을 수 있는 빈백이 들어가면 꽉 차는 정도의 작은 곳으로, 들어가는 순간부터 나오는 순간까지 도무지 음악 외에는 할 수 있는 게 없는 공간이다.

 그러다 보니 친구와 난 누가 먼저랄 것도 없이 취미로 즐기자고 한 음악에서도 업무 모드에 돌입했다. 생산성이 눈에 띄게 올라갔다. 예전 스튜디오에서는 제대로 된 데모 음원을 녹음해보자 해놓고도 끝내지 못한 미완성 데모곡만 수두룩하게 쌓였다면, 이제는 훨씬 퀄리티 좋은 음악을 일주일에 2~3곡도 녹음할 수 있었다. 역시 공간이 중요하다는 것을 깨닫고 결과물에 들떠 작업에 몰두한 지 몇 개월이 지날 무렵, 우리는 조금씩 지치기 시작했다. 그도 그럴 것이 하나의 곡을 완성시키지 못하면 작업실을 나갈 수 없다는 강제성을 스스로 부여하니 우리의 새 작업실은 놀이터보다는 방탈출에 가까운 분위기를 풍겼다. 스튜디오에서는 최소 한 달에 한 번 꼴로, 실력이 부족하면 부족한 대로 사람들에게 우리 음악을 자유롭게 들려주고 이야기를 나눴었는데, 작업실로 옮긴 뒤로는 친구와 나 둘만의 일터가 되어버린 것이다. 여러 방면에서 영감을 받고 감흥을 느낄 수 있는 지점이 차단되고 작업에만 몰입할 수 있는 환경이 마련되니 실력은 눈에 띄게 늘었으나 무언가 잃어버린 듯한 느낌을 지울 수 없었다. 이전과 다를 바 없이 음악은 여전히 가장 몰입해서 즐겁게 할 수 있는 활동이고 그 어느 때보다 집중해서 하고 있는데도, 즐거움을 느끼는 시간이 현저히 줄었다.

 돌이켜보면 스튜디오 공간에서 우리는 음악만 한 것이 아니었다. 음악을 핑계 삼아 사람을 불러 모았고, 서로의 근황, 좋아하는 것, 요즘의 생각에 대해 허물없이 이야기하며 그 이야기들을 안주 삼아 곡을 쓰고 노래했다. 그러다 술에 취해 벌개진 얼굴을 추억으로 남기겠다고 촬영 조명을 켜놓고 사진을 찍었다. 우리가 운영했던 건 작업실 겸 렌탈 스튜디오가 아니라 특색 있는 놀이기구로 가득한 놀이터였던 것이다. 다같이 둘러 앉아 먹고 이야기할 수 있는 큰 다이닝 테이블, 언제든 그 순간을 추억으로 남길 수 있는 촬영 기구와 스튜디오 세팅, 거기에 친구들의 이야기를 곡으로 탄생시킬 수 있는 나와 친구의 적당한 음악적 소양까지 합세하여 돌아가던 스튜디오는 이 세상 어디에서도 찾기 힘든 유일무이한 어른들의 놀이터였다.

 그런 놀이터가 지금 나에겐 없다. 자연스럽게 친구가 생기고 즐거움을 만끽할 수 있는 환경의 부재에서 오는 무력함을 떨치기 위해서는 다시금 잃어버린 나의 놀이터를 만들어야한다는 결론에 이르렀다. 하지만 이전 경험에 빗대어 생각해보앉을 때 그를 위해서는 물리적 공간이 필요하다는 결론밖에 나오지 않았다. 유형의 공간을 운영한다는 것은 혼자서는 어려운 일이고, 마음맞는 사람들을 찾는다 하더라도 특별한 목적 없이 어떤 공간에 돈을 쓰는 것은 더더욱 쉽지 않다. 꼬리에 꼬리를 무는 생각으로 점점 방향을 잃던 차에 영화 〈먹고 기도하고 사랑하라〉를 보게 되었다. 영화 속에서 명상을 배우기 위해 인도에 간 주인공은 명상을 시도할 때마다 집중하기가 어렵다고 말한다. 예를 들어 명상을 하면서도, 수업이 끝나고 집에 돌아가서 명상의 방을 어떻게 꾸밀지 등으로 자꾸 생각이 샌다고 말하며 좌절하는 주인공에게, 먼저 와서 수련하고 있던 리처드는 "The meditation room is within. Decorate that.(명상의 방은 네 안에 있어. 그걸 꾸며)"라고 충고한다. 새로운 놀이터를 짓기 위해 실제 공간을 얻는 것부터 시작해야 한다는 생각에 막막해하던 나는 다시금 해답을 찾은 것 같았다. 물리적인 공간을 필요로 할 것이 아니라 내 삶의 터를 놀이터라고 생각하여 일상에서 마주하는 것들을 놀이화 해야 하지 않을까? **그렇게 스스로를 즐겁게 하는 방법을 터득하는 것이야말로 고차원적인 의미의 놀이터가 아닐까?**

놀이화는 일상에서 마주하는 공간들을 자세히 들여다보는 것부터 시작한다. 집과 내가 사는 동네, 직장, 그리고 새로 얻은 작업실까지, 그동안 단순히 배경으로 생각하고 크게 인지하지 않았던 가장 일상적인 공간들 안에서 마주하는 사람들과 발생하는 사건들을 더 면밀히 살펴보고, 조금씩 변화를 주고, 용기를 내어 관여한다. 시커먼 가방 안에 넣어 방 한구석에 세워두었던 기타를 꺼내어 손만 뻗으면 잡을 수 있는 위치에 두었더니 일을 하다가 쉴 때면 습관처럼 기타를 들고 노래를 부르게 되었다. 작업실 앞, 감각적인 사장님이 운영하시는 작은 카페에서 커피를 마시다 부끄러움을 무릅쓰고 우리의 음악을 소개했더니 단골을 위한 게릴라 콘서트를 열어보자고 제안해 주셔서 어느 초가을, 단골 손님들과 낭만 충만한 음악회를 열었다. 회사에선 업무적으로 겹칠 일이 없어 무심코 지나쳤던 동료들에게 눈인사를 건네기 시작했고, 가볍게 건넨 안부 인사에 내게 마음을 열고 친해진 분들과 얼마 안 가 업무적으로도 도움을 주고받게 되었다.

놀이터는 멀리 있지 않았다. 삶의 매 순간, 내가 만들어가는 공간과 일상 속에 언제든지 존재한다.

당신만의 놀이터는 어떤 모습인가요?
어떤 놀이를 할 것인지, 어떤 놀이기구가 있는지 구체적으로 상상해 보세요.

_____

4. 기타 치는 베짱이가 부러운 개미

예술을 하는 자와 향유하는 자

어느 겨울에 있었던 일이다. 지방에서 모임을 마치고 서울에 가기 위해 SRT로 이동하여 수서역에 내렸다. 최종 목적지인 코엑스로 가는 버스가 폭설로 15분 정도 지연된다고 하여 역사 내 광장에 앉아 기다리고 있었다. 추운 날씨만큼이나 썰렁했던 수서역은 소음이 가득했지만 동시에 적막했다. 습관처럼 스마트폰을 만지작거리던 때, 피아노 선율이 들려왔다. 있는지도 몰랐던, 광장 한구석에 덩그러니 놓여 있던 피아노의 뚜껑을 열 살을 갓 넘긴 듯한 앳된 얼굴의 소년이 연 것이다. 뒤이어 아름다운 연주곡이 들려왔다. 제목은 모르지만 자주 들어왔던 음악이 울려 퍼지는 순간, 적막하던 역내는 갑자기 관객이 가득한 공연장으로 변했다. 밋밋한 장면에 얹어지는 훌륭한 BGM이 영화의 분위기를 180도 변화시키는 것처럼, 불과 5분 전만 해도 그저 썰렁한 기차역이었던 곳이 어린 소년의 손길로 황홀하게 변신했다. 두세 곡의 연주를 끝마치고 자리를 정리하는 소년에게는 박수갈채가 쏟아졌다. 부끄러운 듯 아빠의 품으로 뛰어 들어가는 모습은 조금 전 우리를 압도하던 주인공과는 전혀 다른, 영락없는 그 나이대 소년의 모습이었다.

부럽다.

피아노를 연주하는 아이를 보며 대단하다는 감상보다 내게 먼저 든 감정은 다름 아닌 '부러움'이었다. 악기 하나로 무궁무진한 음악의 세계를 활보하는 사람에게 느끼는 부러움. 음악을 기분 좋게 듣는 것을 넘어 연주까지 할 수 있는 저 사람은 얼마나 행복할까.

이전에는 그저 예술을 즐길 수 있으면 된다고 생각했다. 봉준호 감독의 세계적인 작품을 즐겁게 감상할 수 있으면 됐지, 내가 직접 메가폰을 잡거나 배우가 될 필요는 없다고. 모네의 그림을 보고 감흥을 느끼는 눈이 있으면 됐지, 내가 직접 붓을 잡을 필요는 없다고. 예술가의 불행한 삶을 유독 깊게, 그리고 어린 나이부터 접했던 탓일 수도 있다. 미술 쪽으로 천재적인 재능이 주어졌지만 그만큼의 예민함과 반사회성이 함께 내장된 특성을 가진 집안의 막내딸로 태어난 나는, 아름다운 예술 작품을 만들어내는 사람은 동시에 불행한 삶을 살게 된다는 사실(혹은 편견)을 어릴 적부터 봐왔다. 유독 집안의 아들들에게만 예술가의 기질이 강하게 전해졌고, 친오빠는 본인의 삶을 빈센트 반 고흐의 인생에 대입하기도 했다. 그 모든 것을 봐온 나는 어릴 적부터 예술을 불가근불가원(不可近不可遠)으로 대해왔다.

그렇게 합리화로 버텨오던 마음의 방패가 조금씩 무너지기 시작한 것은 헛헛함을 아는 어른이 되고 난 후였다. 돈과 술, 쾌락으로는 충족시킬 수 없는 상처의 치유나, 그 이상의 본원적 즐거움으로 우리네 공허한 삶을 채울 수 있는 것은 예술뿐이라고 찬찬히 깨달은 후부터. 애인과 이별하거나 큰 상실을 겪었을 때, 술로 지새워도 채워지지 않고 시간이 약이라는 말도 거짓말처럼 들릴 때, 나를 버티게 해준 것은 글이었다. 많은 글을 읽었고 많은 글을 썼다. 그것을 감히 예술이라고 말할 수 없겠지만, 텍스트라는 수단을 활용해 나의 감정과 생각을 하나의 창작물로 만든다는 것, 몇 번이고 다시 읽고 고치며 나아간다는 행위 자체가 내게는 예술이었다. 하지만 동시에 글은 무언가 한계가 있었다. 수용과 창작의 기쁨은 있지만 반복해서 즐기는 과정이 부족하달까. 좋은 구절도 계속 읽다 보면 질리게 된다는 아쉬움도 컸다. 또 글이란 본질적으로 머리를 써서 이해해야 하는 복잡한 운동이므로 피곤함도 있었다. 직관적이고 지속적인 즐거움에 대한 아쉬움이 갈급한 갈증으로 변해갈 쯤, 나의 부러움이 꽂힌 분야는 음악이었다.

유독 내 가까운 주위에는 음악을 하는 사람들이 많다. 15년 지기 친구 Y도, 이제는 남편이 된 옛 남자친구도, 본업은 따로 있지만 음악가이다. 물론 나도 음악을 좋아한다. 하루에 음악을 듣는 데 할애하는 시간으로만 따지자면 내가 그들보다 더 많을 수도 있다. 다만 그들과 나의 차이가 있다면, 나는 음악을 '들을 줄만' 알고, 그들은 음악을 '연주'할 수 있다는 것이다. 마치 내가 펜을 들고 글을 쓰는 것처럼, 그들은 각자의 악기를 들고 음악을 만들어낸다. 좋아하는 노래를 연주하기도, 흥얼거리는 콧노래를 악보에 옮겨놓기도, 그리고 "이거 들어봐."라며 작곡한 곡을 들려줘 주변인들을 즐겁게 하기도 한다.

연애 시절 남편이 하루 두세 시간씩 연락이 두절될 때가 있었다. 내 입장에서는 "아니, 하루에 두 시간씩 폰도 못 보고 집중할 일이 뭐가 있어?"라는 말이 절로 나갔다. 그때마다 그의 "기타 연습하느라 시간 가는 줄 몰랐어."라는 답변은 더욱 못 미더웠다. 무슨 기타를 두 시간씩이나 친단 말인가. 하지만 결혼 후, 퇴근하고 씻지도 않고 방으로 가 신나게, 술도 못 마시는 사람이 무언가에 취하기라도 한 듯, 기타를 튕기고 있는 모습을 보니, 그제야 이해가 가는 것을 넘어 너무나 부러웠다. 남편은 집에서 종종 나에게 연주를 해주거나, 친구들을 초대해 술을 기울이며 작은 기타 공연을 여는데, 이때 그의 얼굴은 정말 행복에 푹 빠진 표정이다. 그럴 때마다 나는 음악이 얼마나 아름다운 존재인지를 깨닫는 동시에 직접 음악을 하는 사람에 대해 경외감이 들곤 한다.

부럽다. 너무 부럽다. 나도 악기를 연주하고 싶다. 직접 연주하며 느끼는 그 즐거움을, 그 해방감을 나도 느껴보고 싶다. 그렇게 부러우면 내가 하면 되지 않겠냐고 누군가는 말하겠지만 나는 불가능하다는 것을 안다. 시도해 보기도 전에 나약한 소리를 하는 것이라고 할 수도 있다. 하지만 나는 안다. 악기를 능수능란하게 연주하는 실력을 갖추기 위해선 너무 많은 시간이 소요되리라는 것을, 그리고 그 시간에 나는 분명 지쳐 떨어져 나갈 것이라는 것을, 경험을 통해 알고 있다. 기타 학원은 고작 두 달을 다니고 금방 때려치웠다. 과거로 돌아가 아주 어린 시절부터 음악 학원에 다니지 않는 이상 예술가의 꿈은 꿈인 채로 남겨두는 것이 나을 것 같다.

그래서 닿을 수 없는, 가질 수 없는 이들의 능력을 향한 나의 부러움에는 질투가 없다. 오히려 내 주위에 예술을 할 수 있는 사람들이 있음에 감사함과 존경심을 느끼는 마음이 더 클 뿐. 수서역 광장의 소년처럼 피아노를 칠 수도, 남편처럼 소파에서 기타 연주를 할 수도 없지만, 기립 박수는 그 누구보다 크게 치는 사람이 되려고 한다. **기타 치는 베짱이가 얼마나 귀한 존재인지를 알고 담뿍 부러워하면서 그들을 빛내줄 수 있는, 박수 치는 개미로 행복하게 살아야지.**(하지만 다시 태어난다면 그때는 기필코…!)

예술을 향유하는 것과 창작하는 것 사이에는 아주 큰 간극이 있다. 그 격차를 기분 좋은 부러움으로 바라보는 것, 그리고 누구보다 큰 박수를 치는 관객이 되는 것 또한 예술을 훌륭히 즐기는 방법이다. 개미는 뚠뚠 박수를 칩니다. 베짱이여 멋진 연주를 하라!

당신이 예술을 즐기는 방법은 무엇인가요?

_____

5. 변호사의 교환 일기

아끼는 사람들과 글을 나누는 일

신기원 나이 서른에 교환 일기를 쓰게 될 줄은 꿈에도 몰랐다. 그것도 여자랑.

내게는 한 살 많은 오촌 고모가 있다. 마주 보는 아파트에 살았던 우리는 어린 시절 매일을 함께했다. 길쭉한 팔다리로 정글짐을 가뿐히 누비던 고모는 놀이터의 대장이었고, 운동 신경이 모자랐던 나는 그녀의 충실한 넘버 투였다. 우리는 놀이터에서 새까맣게 그을린 채 집으로 돌아와 피아노 앞에 앉아서 언젠가 함께 세상에 선보일 콘서트를 계획했다. 돌이켜 보니 그녀의 훌륭한 연주에 비해 내 노래 실력은 터무니없이 평범했지만. 고모네 집에서 자는 운 좋은 날에는 세트 잠옷을 입고 침대에 나란히 누워 고모의 아빠(이자 나의 삼촌 할아버지)가 들려주시는 옛날 이야기에 귀 기울였다. "옛날 옛날에

두 꼬마 여자아이가 살았어요."로 시작했지만, 매번 우리보다 일찍 잠드는 그의 이야기에는 결말이 없었다. 바늘로 찌르면 풍하고 터질 듯 잔뜩 부풀어있던 시간이었다.

그렇게 영원히 붙어 다닐 줄만 알았던 우리는 다른 초등학교로 진학했고, 그다음엔 내가 유학을 가며 조금씩 멀어졌다. 여전히 명절에 만나면 집안일을 돕는 시늉을 하다가 옷방에 숨어 들어가 은밀한 얘기들을 나누긴 했지만, 많아 봐야 일 년에 두어 번 있는 일이었다. 하지만 그때마다 비슷하게 반짝이던 눈빛으로 우리가 묘하게 닮아 있다는 것은 느낄 수 있었다. 외모, 취향, 경험까지 닮은 부분이 하나도 없었지만, 가족사와 유전자를 공유했고, 그곳에서 시작되는 눈물과 감탄의 포인트를 공유했다. 역시 피는 진했다.

놀이터에서 뛰놀던 시절로부터 20여 년이 지나 코로나가 세계를 휩쓸던 봄, 나는 한국으로 잠시 들어오게 됐고 우리는 단숨에 다시 가까워졌다. 위스키 반 병을 앞에 두고 지난날의 흑역사를 나누며 울음과 실소를 번갈아가며 터뜨렸다. 어릴 적 고모는 확실한 손윗사람이었다. 한 살밖에 차이가 나지 않았어도 그녀는 어른들의 성화로 내게 세뱃돈까지 줘야 했다.

비록 5천 원이었지만. 우습지만 나는 당시 그녀를 어른이라 여겼다. 그녀는 영리했고 달리기가 빨랐고, 말발이 셌으며 셈에 능했다. 20년 뒤 새로이 알게 된 그녀는 하고 싶은 말을 삼킬 줄 아는 사람이었고, 운동과 셈에 더 이상 능하지 않았다. 여물지 못한 마음을 가진, 주변을 살피느라 자신을 챙기는 것을 자주 잊는 사람이기도 했다. 그러나 여전히 어른이었다. 그녀도 나를 보며 걱정스러운 얼굴을 했다. 변호사가 이렇게 허술해서 어떡해? 너 일은 제대로 해?

음주와 연애담보다 우리를 빠르게 가까워지게 한 건 글이었다. 즐겨 읽는 작가와 장르는 조금도 겹치지 않았지만, 우리는 비슷한 단어들을 읽으며 동요했고, 전율했다. 쉽게 씻겨 내려가지 않는 마음이 이는 밤이면 우리는 글을 썼다. 조급함에도 설렘에도 그리움에도, 해소 방법은 항상 글이었다. 그렇게 단어들을 휘갈기듯 써 내려가면 일렁이던 마음이 신기하게도 잠잠해졌다. 평생 감춰두고 싶었던 글들을 서로에게 보여주며 수치스러워하다가도 공감하고 놀라워하며 일종의 카타르시스를 느꼈다. 그건 눈물과 감탄의 포인트가 같은 피붙이이자 친구인 두 사람을 이어주는 가장 긴밀한 소통 방식이었다. 우리는 언젠가 함께 책을 쓰자는 약속을 했고, 콘서트를 계획하던 어린 시절처럼 잔뜩 부풀었다.

그 계획의 첫걸음으로 먼저 일기를 써보기로 했다. 아무리 소녀 같은 우리라도 스티커 붙인 공책을 돌려가며 쓸 생각은 없었기에, 적절한 플랫폼으로 세 줄짜리 일기를 올리는 앱을 골랐다. 본업으로 허덕이는 현대인에게 긴 글은 부담스러우니, 딱 세 줄로 축약한 글 연습을 하자는 취지였다. 당연히 그녀의 아이디는 '나는_고모', 내 아이디는 '나는_조카'였다. 그렇게 우리는 초등학교와 함께 졸업한 줄 알았던, 심지어 애인이랑도 해본 적 없는, 징그러운 교환 일기를 시작하고 말았다. '나는_고모'님께서 일기를 작성하셨습니다.'라는 알림을 받으면 괜스레 설레는 마음에 당혹스러웠던 순간이 반복됐다.

우리는 다양한 곳에서 다양한 주제에 대해 썼다. 서울, 이스탄불, 제주와 뉴욕에서의 검버섯과 나이 듦, 밤 조림과 맹목, 지난 사랑의 미련함과 도래할 사랑의 애석함까지. 어떤 날에는 '브라질리언 왁싱을 받으러 왔다. 존나 무섭다.' 같은 직관적이고 화끈한 일기를 썼고, 어떤 날에는 '다른 두 사람이 같은 언어를 쓴다는 건, 빛이 물결치는 방이 어항 같다는 한 명의 말에 다른 한 명의 가슴의 물기가 번지는 것' 같은 감상을 적었다.

독자가 있는 일기를 쓴다는 건 나만 보는 일기를 쓰는 것과는 다른 종류의 노력을 요했다. 비록 한 명의 독자일지라도. 나만 볼 일기였다면 감정 과잉으로만 남았을 문장들이 독자의 공감을 얻기 위해 조금 더 입체적으로 변했다. 그렇게 우리의 글은 서로에 대한 예의로 부지런해졌다. 동시에 사유 역시 자연스레 깊어졌다. **교환 일기를 쓴다는 건 각자의 진실이 상대의 진심에 가장 자연스레 닿을 수 있는 방법을 꾸준히 탐구하는 연습이기도 했다.** 나를 위한 기록으로 시작해 상대를 떠올리는 편지가 되었다.

그리고 의도치 않았지만 세 줄짜리 일기는 훌륭한 글 선생이었다. 세 줄 안에는 꽤 많은 생각과 감정을 녹일 수 있었지만, 생각의 흐름과 감정의 물결을 논리정연하게 읊기엔 턱없이 부족한 길이였다. 그래서 한 가지의 감상을 정해 집요하게 파고들어야 했다. 그리고 그 감상을 너무 납작하지 않게, 그렇다고 또 너무 추상적이지 않게 표현하기 위해서는 모든 단어에 정성을 쏟아야 했다. 일에 치였던 날에는 '꼿꼿한 마음과 꼿꼿한 허리'에 대해 썼고, 이별을 한 날에는 '사랑을 타일러 놓아주는 어른'에 대해 썼다. 한 단어 한 단어 눌러 쓰다 보면 미처 인지하지 못했던 마음의 구석에 도달해 있을 때가 많았다. 오래 고민한 뒤 짧게 쓰는 글은 늘 한 지점에서 시작해 다른 지점에서 끝났다.

하지만 교환 일기가 비단 글 연습과 자아실현을 위한 도구로만 쓰였던 것은 아니다. 우리는 술잔을 기울이지 않는 날에도 일기를 통해 서로의 안녕을 확인할 수 있었고, 깊은 밤 홀로 잠식되어 있을 서로의 세상을 엿볼 수 있었다. 삼 일째 일기가 밀리면 조심스레 안부 문자를 보내기도 했다.(대체로 일기가 밀리는 이유는 너무 즐거운 일상을 보내고 있거나, 너무 버거운 일상을 보내고 있거나 중 하나였고, 둘 중 어떤 이유에서든 서로의 연락은 반가웠다) 사실은 일기라는 명분을 통해 서로를 조용히 챙기는 중일 뿐이었다. 그렇게 우리는 가장 자연스러운 방식으로 서로의 세상에 스며드는 법을 배웠다.

그러나 그 어떤 이유보다도 우리가 계속해서 일기를 썼던 것은, 목격되는 일상이 주는 의외의 기쁨 때문이었다. 업로드하지 않았다면 금세 날아가 버렸을 찰나의 감상이 세 줄의 글로 남음으로, 늦은 밤 서로의 핸드폰에 알림으로 뜸으로, 다음 날에도, 그다음 날에도 살아남았다. 혼자 마신 커피 한잔, 몰래 버린 쓰레기 하나, 찝찝했던 꿈 한 조각처럼 남에게 힘주어 말하기엔 민망한 일상의 잔상들이 일기로 남아 서로에게 목격됨으로 우리는 더욱더 실재함을 느꼈다. 목격자가 있는 삶은 외롭지 않았다. 단단했고 다채로웠다.

그래서인지 야심한 시간에 잠 못 들고 뒤척이다가도, 편의점에서 캔맥주가 2+1이냐고 묻다가도, 미어터지는 지하철 안에서 앞사람 정수리 냄새를 맡다가도, 나는 일기가 쓰고 싶어졌다. 아마 처음부터 알고 있었던 것 같다. 정확하게 이해받을 수 있으리란 것을. 어쩌면 일기를 쓰지 않던 아주 오래전부터 이미 '정확하게 사랑받고' 있었다는 것을.(신형철 평론가의 표현을 빌렸다)

어린 시절 우리를 키운 건 우리를 둘러싼 세상의 정교한 정성이었다. 견고한 정글짐과 매끈한 피아노와 항상 우리가 주인공이던 이야기들. 친구이자 가족인 삼십 대의 두 여자가 쓰는 교환 일기 역시 우리를 주인공으로 만든다. 휘발될 뻔한 하루의 목격자를 얻었고, 서로의 안녕을 자연스레 챙길 수 있는 명분이 생겼다. 비록 세 줄짜리지만 그 속에는 얼떨결에 쓰게 되는 시가 있고, 스며드는 진심이 있고, 살아남는 일상의 흔적이 있다. 다 큰 우리를 더욱 키우는 정교한 정성이다.

> 우정을 지속하기 위해 무엇까지 해보았나요?
>
> _____

6. 고도로 발달한 클럽은 명상과 같다

소모되지 않는 어른의 놀이

일 때문에 정착하게 된 뉴욕에 산 지 2년이 됐을 때쯤 도시의 문화를 즐길 여유가 생겼다. 춤이 취미라 가장 먼저 클럽 탐방에 재미를 붙였다. 서울의 클럽은 음악을 즐기러 가는 곳이라기보다는 파트너 탐색의 장 느낌이었고 그로 인해 생기는 과도한 남녀의 긴장감이 가끔 불편하게 느껴졌다. 그에 비해 뉴욕에서 지금까지 가본 대부분의 클럽은 서울에서 친구들끼리 술을 와장창 먹고 흥이 오르면 야! 노래나 부르러 가자! 하는 느낌으로 밤 11시에서 12시 사이에 충동적으로 가게 되는 노래방에 가까웠다. 다만 흥을 분출하는 매개체가 노래가 아니라 춤으로 바뀌었을 뿐.

운 좋게 뉴욕에서 마음 맞는 몇몇 친구들이 생겨 자주 누군가의 집에 모여 술 몇 잔을 하고 다 같이 클럽에 가서 놀곤 했다. 어느 날 누군가가 브루클린의 'Basement'라는 클럽에서 테크노 공연이 있다며 같이 가자고 제안했다. 일단 가보지 않은 클럽이라 구미가 당겼고 뭐든지 새로운 것을 좋아하는 내게 괜찮은 금요일 밤 계획 같았다. 그런데 그 클럽이 알아볼수록 심상치 않았다. Basement는 브루클린에서도 번화가와 멀리 떨어진 곳에 있었는데 접근성이 안 좋은 것 치고 상당히 까다로운 것으로 정평이 나 있었다. 기본적으로 홈페이지에 적혀 있는 '하우스 룰'이 10개 이상인데, 그중 도드라지는 것은 다음과 같다.

No photos or videos(사진 및 영상 촬영 금지)
No phone use on the dance floor(댄스 플로어에서 핸드폰 사용 금지)
The dance floor is for dancing, not conversation(댄스 플로어는 대화가 아닌 춤을 위한 공간임)

티켓이 있어도 직원이 입장을 거부할 수 있다는 안내가 사실임을 증명하듯이 구글 맵 리뷰에는 실제로 입장을 거절당한 사람들의 별점 테러가 꽤 많이 보였다. 거기에 핸드폰 사용 금지라니. 모든 걸 인스타그램 스토리로 낱낱이 공유해야 하는 나에겐 가혹한 룰이었다. 하지만 beggars can't be choosers (무언가를 원하는 자에게는 선택의 여지가 없다)라고 했던가. 절에 맞추는 중의 심정으로 사전에 친구에게 전달받은 대로 드레스코드까지 올블랙으로 맞춰 입고 클럽으로 향했다.

반갑지 않은 가을비가 더해진 클럽의 입구는 지하 던전으로 향하는 입구처럼 음산했다. 혹시나 입장을 거절당할까 봐 긴장했지만, 다행히 신분증과 티켓 확인을 무사히 마치고 클럽에 입장했다. 핸드폰 카메라에 내부 촬영을 방지하기 위한 스티커까지 붙인 후 들어선 클럽 내부는 다른 클럽들과 사뭇 달랐다.

우선 내부의 구조가 전혀 눈에 들어오지 않았다. 댄스 플로어 전체에 옅은 스모그가 얕게 깔려 있어서 공간이 얼마나 큰지, 벽은 어디에 있는지, 디제잉 부스는 어디인지 도무지 파악이 어려웠다. 그나마 술을 살 수 있는 바 쪽으로 가면 시야가 좀 트였지만 댄스 플로어에 들어오면 스모그와 고막을 때리듯이 반복되는 테크노 음악의 비트에 시각과 청각이 잠식당했다. 사실상 촬영을 하려고 해도 전혀 피사체가 분간되지 않을 환경이었다. 바닥은 벽돌이었다. 어떤 공간을 개조해서 만든 건지는 모르겠으나 바닥에 깔려 있던 벽돌이 그대로 남아 있었고, 그제야 힐을 권장하지 않는다던 또 다른 하우스 룰이 이해가 갔다.

공간 지각 능력을 강제로 차단시키는 환경으로 인해 탐색이랄 것도 없는 탐색을 대강 끝내고 술을 한 잔 들고 댄스 플로어로 갔다. 초반에는 낯선 환경에 대한 두려움으로 최대한 같이 간 친구들과 일정 거리를 유지하려고 애썼지만 가시거리가 겨우 1~2m 정도여서 그것도 여의치 않았다. 또 다른 하우스 룰에서 댄스 플로어에서는 대화를 지양하라고 했지만, 음악의 볼륨이 무지막지하게 큰 탓에 대화도 거의 불가능했다. 그렇게 자의 반 타의 반으로 혼자 춤을 추었다. 그러자 서서히 타인에 대한 집착과 관심이 사라졌다. 나랑 친한 친구든, 덜 친한 친구든, 저기서 춤을 추고 있는 사람이 어떤 옷을 입고 있든, 성별이 무엇이든 스모그 안에서는 모두가 하나의 움직이는 몸짓일 뿐이었고 그 몸짓들은 내게 어떠한 감정적, 인지적 반응 또는 판단도 일으키지 않았다.

공간의 크기와 구조에 대한 파악이 어려워지자 공간에 대한 집착도 사라졌다. 보통 클럽에서 가장 인구 밀도가 높은 곳은 디제잉 부스 앞이다. 디제이와 교감하려는 목적이든, 디제이와 교감하려는 그 사람들과 교감하려는 목적이든 많은 사람들이 앞으로 몰리고, 부스 앞은 으레 붐빈다. 테이블이 있는 클럽에서는 큰돈을 써서 테이블을 예약한 사람들과 그렇지 않은 사람들 사이의 선을 무엇보다 명확하게 긋는다. 클럽은 테이블이라는 공간을 별도로 판매하는 공간 비즈니스를 통해 구매자에게 이 정도 돈을 쓸 재력이 있다는 과시욕과, 구매자의 취향과 선택에 따라 타인에게도(주로 남자가 여자들에게) 상대적 우위가 주는 달콤함을 맛보게 해 줄 수 있는 우월감을 충족시켜 주었다. 하지만 앞뒤 개념이 성립하지 않는 공간에서는 모든 것이 무의미했다. 디제이 부스조차도 스모그 너머로 워낙 흐릿하게 보이는 탓에 굳이 앞으로 가봐야겠다는 생각도 들지 않았다. 물론 테이블도 없었다. 'We do not sell or reserve tables.(테이블 예약 불가능)' 또한 하우스 룰의 일부였다. 클럽 안에서 나는 특정 공간에 대한 방향성, 선망 혹은 그 선망에 대한 자괴감 없이 자유로웠다.

그리고 마침내, 규제와 규율로 가득한 공간에서 나는 나에 대한 집착을 놓았다. 타인에 대한 집착이 사라지자 다른 사람들도 마찬가지로 내게 무관심하겠거니 라는 생각이 자연스레 들었고, 클럽에 간답시고 크롭티를 입어 저녁 내내 잔뜩 힘을 주고 있던 아랫배에서 스르륵 힘이 풀렸다. 나도 결국 하나의 몸짓에 지나지 않을 텐데 '아랫배가 좀 나오면 어때.' 하는 생각과 함께 나를 향한 촘촘한 검열의 눈초리를 거두었다. 핸드폰을 사용하지 못해 인스타그램 포스팅 강박에서 벗어난 해방감도 더해졌다. 내가 얼마나 재밌게 누구와 어디서 놀고 있는지 알릴 방법도, 필요도 없었다. 과잉된 자의식과 타인에게까지 무의식적으로 적용하던 판단의 잣대들이 날개를 접고 나와 음악만 존재하는 무아지경(無我之境), 즉 명상적 상태로 접어들었다.

클럽에서 음악을 들으며 아무렇게나 춤을 추는 몇 시간 동안 이런 사고를 거치며 결론에 다다랐다. 고도로 발달한 클럽은 명상과 같다고. 나와 너를 연기 속에 감춰주는 댄스 플로어는 시각적 방해물을 최소화한 명상원이었고, 귓가를 일정하게 때리는 테크노의 비트는 싱잉볼이었으며, 누구 하나 빠짐없이 올블랙으로 맞춰 입은 의상은 명상복이었다. 그리고 하우스 룰은 결국 모두가 방해 없이 명상적 경험을 할 수 있도록 환경을 구축해 주는 명상원의 규칙이었다. 까다로워 보이는 룰, 다소 괴이해보였던 분위기, 시끄럽기만 했던 테크노 음악 모두가 들어맞으며 내게 무아의 자유를 선사했다.

몇 시간 정도 신나게 발을 구르며 명상(?)을 하고 마침내 스모그와 시끄러운 음악에서 벗어나 바깥으로 나오자 또 다른 해방감이 느껴졌다. 탁 트인 시야와 고요한 새벽이 갈증 끝에 마시는 콜라처럼 청량하게 다가왔다. 그렇게 다리는 무거웠지만 정신은 맑아진 채 집으로 향했다. 그리고 이런 곳에서라면 테크노 음악도 나쁘지 않다고 생각하며 잠에 들었다. 고요한 명상이 맞지 않는 사람에게는 클럽이 의외의 해방의 장이 될 수 있지 않을까. 단, 반드시 '고도로 발달한 클럽'에 가야 함은 잊지 말자.

> 일상을 벗어나(혹은 일상에서) 나다움, 자유로움을 만끽할 수 있는 공간이 있나요?
> _____

7. 와인 바 말고 닭한마리에서 만나

오래 고아먹는 우정의 편안함

초가을 저녁 6시 정각, S와 나는 이미 회사 로비에 있었다. 대학 시절 같은 반이었던 그녀와 나는 졸업 뒤 신기하게도 같은 건물의 다른 회사에서 일하게 되어 종종 엘리베이터에서 마주쳤다. 둘 다 사람을 찾아서 보는 타입들은 아닌지라 간만에 짬을 내어 만나면 지난 6개월 간의 일들을 숨 가쁘게 공유해야 했지만, 오래 알고 지낸 사이에 어색함이 끼어든 적은 없었다.

찬 바람이 쌀쌀하게 부니 메뉴는 만장일치로 닭한마리. 담백한 닭고기로 건강을 챙기는 듯한 기분도 내면서, 뜨끈한 국물에 술이나 한잔 기울이면 좋을 것 같았다. 팔짱을 끼고 가게로 향하는 길에 '오늘 달리자'라는 말을 호기롭게 뱉던 그녀가 갑자기 헙- 입을 막았다.

"전혀 진심이 아니었어."

그 모습이 우스워 크게 웃었다.
"술 잘 먹는 척하는 허세 그거 버릇이야. 잘못된 대학 생활의 잔재야. 우리 이제 못 달려."

나의 지적에 이번에는 S가 깔깔 웃었다.

"맞아. 나 요즘 끝까지 가자고 으름장 놓은 다음에 소주 두 잔 마시고 뻗어."

가게에 도착해서도 우리들의 쇠퇴한 기운에 대한 이야기를 한가득 늘어놨다. 테니스를 치는데 무릎이 어떻고, 발레를 하는데 고관절이 어떻고, 피부는 건조하고 눈알은 뻑뻑하며 머리카락이 빠진다고. 그리고 인삼주가 나오자 건강을 위하여!를 외치며 잔을 부딪혔다. 이토록 뻔한 건배사를 하는 어른이 되었다니. 새삼 신기해서 그녀와 나의 대학 생활을 돌아보았다. 복잡하고 우울한 책을 읽었고 동이 틀 때까지 술을 마셨으며 광포하게 취하기도 했다. S는 한때 술만 마시면 동기들 엉덩이를 발로 차고 다녔고 나는 많이 취하면 영어를 써댔다,

you know?

　그리고 아마도 모두가 비슷한 생활 중인 대학 시절의 특권이 겠지만, 서로의 인생에 지독하게 관여했다. 누군가 애인과 헤어지면 모두 함께 자취하는 사람의 방에 모여 소주를 마셔줬다. 물론 엉엉 우는 모습은 사진으로 착실히 남겼다. 서로 리포트를 첨삭해주고 출석을 대신해줬으며 밤샘 공부를 하다가 옆 사람 어깨에 기대어 꼬질꼬질 잠드는 것은 예삿일이었다.

　그에 반해 지금 나는 S가, 혹은 나의 대학 동기들이, 무슨 생각으로 살아가는지, 그때처럼 즉각적으로 또 상세히 알지 못한다. S가 지금 만나고 있는 남자친구와 결혼을 할 예정인지, 요즘 가장 큰 고민이 뭔지, 가족들의 건강은 어떠한지. 그리고 쉬이 묻지 않는다. 치열하게 서로의 삶과 고민을 혀에 올리고 눈에 담던 그 시절보다 마음의 여유가 없는 것도 한 이유지만, 서로 삶의 궤적이 달라진 사이 생겨난 수많은 함의와 맥락을 배려하는 이유가 더 크다. 내 질문이 어떠한 복잡한 생각을 야기할지 몰라 차라리 인삼주를 한 잔 더 따라준다. S도 비슷한 성격이라 때때로 식탁 위에 잔잔한 침묵이 흘렀다.

그럴 때면 우리는 책 얘기를 했다. S는 최근에 최은영 작가의 『밝은 밤』을 읽었다고 했다. 간결하고 깊은 문장들이 와닿았다고. 나는 찬 바람이 부니 전혜린이 생각나서 그녀의 수필집을 읽고 있다고 말했다. 열심이 닭을 뜯던 S가 멈칫하더니 젓가락을 탁 내려놓았다. 그러더니 암묵적인 무질문의 배려를 젖혀두고 가타부타 없이 물었다. "너 요즘 괜찮아?"

전혜린을 함께 읽었어서 물었을 테다. 그녀는 한국의 현대 문화사에 강렬한 흔적을 남긴 독어 번역가이자 천재로 일컬어지는 작가로, 헤르만 헤세와 루이제 린저를 한국에 소개한 장본인이기도 하다. 그녀는 "몹시 괴로워지거든 어느 일요일에 죽어버리자."라는 글을 낭독한 다음 날, 서른 한 살의 젊은 나이에 수면제 과다 복용으로 생을 마감했다. 전혜린의 사후에 발간된 수필집 중 『이 모든 괴로움을 또다시』에는 그녀 특유의 자기 파괴적인 문장들과 끝없이 이어지는 실존적 고뇌가 가득해서 대학교 때는 자주 울면서, 혹은 울기 위해, 읽었다.

이제는 이렇게 대답할 수 있어서 진심으로 기뻤다. "요즘은 마음이 편안해서 읽는 거야."

어느덧 전혜린의 생애보다 더 긴 삶을 산 우리를 기념하며 술잔을 부딪혔다.

    어느 친구 그룹이 넌 멋진 할머니가 될 것 같다고 말해준 적이 있다. 동의하는 바이다. 예민하고 불안한 성정이지만 되도록 무던해지려고, 현명하게 나이 먹으려고 노력한다. 물론 그 과정이 쉽지는 않다. 금융 공부를 하고 보험료 입금을 제때 한다고 해서, 몇몇 나쁜 관계를 놓고 몇 가지 강박을 포기한다고 해서 유순한 어른이 되지는 않더라. 결국 몇 번 무너져서 주변 사람들을 크게 걱정시키기도 했다. 그리고 내가 아끼는 사람들의 걱정이 내 마음을 찢어놓는다는 것을 경험하면서, 더욱더 신경 써서 스스로를 들여다보고 돌본다. 악영향을 주는 사람과 멀어지는 속도는 빨라지고 있고 실패 앞에 덤덤해지는 피부는 두꺼워지고 있다. 그래서 지금 당신이 단단한 사람이느냐 하면은 아직 멀었다며 손사래를 치겠으나, 소복이 나이 들어 예순쯤이면 잎새에 바람 드는 가을에 비싼 코트를 입고 나가 아끼는 동생한테 핫초코를 사주는 쿨한 할머니가 되어 있을 것이라고 믿는다.

    고작 인삼주 반 병에 살짝 취기가 올랐을 때 S에게 말했다.

"할머니 되면 또 너네 집에서 짜파게티 끓여먹자."

대학교 때는 야한 영화 〈방자전〉을 보느라 짜파게티를 입에 넣어두고서 씹지도 못했는데, 할머니가 돼서는 뭘 먹으면서 무얼 어떻게 보고 있으려나.

"그러자. 단종 안 돼야 될 텐데."

담백하게 돌아온 답변에 나는 S의 몇십 년을 보장받은 것처럼 들떴다. 크고 작은 불행이 우리네 생에 스멀스멀 기어들어와도, 그리고 그것들에 대해 서로 다 말하지 않더라도, 그때마다 닭과 인삼주와 오래 고은 얘기를 꺼내 마시면 시간은 흐를 것이다. S와의 술자리는 저녁 여덟 시쯤에 파했다. "여덟 시는 너무 심하지 않아."라고 누군가 던졌고 "아냐 오늘 화요일이야."라고 누군가 결론을 내렸다. "다음에는 드라이브 가자."라고 누군가 제안했고, 각자 집에 도착해서는 서로에게 추천할 책을 찍어 보냈다.

20:52 잘자
20:55 굿밤

가장 편안한 친구와 어디에서 무얼 먹으며 어떤 대화를 하고 싶나요?
_____

8. 배달 앱을 지웠다

계절을 내 손으로 식탁 위로 올리는 나날

서울에 살다 보면 내가 아무것도 할 줄 모르는 사람이라는 회의가 들 때가 있다. 한때 모두가 정답이라고 말하던 명문대를 졸업하고 대기업에 다니고 있으면서 말이다. 명문대와 대기업이라는 희소한 자원을 얻기 위해 내가 가진 모든 자원과 에너지를 쏟아부었으나 막상 현실을 살아보니 어떤 쓸모가 있는지 잘 모르겠다. 어떤 능력을 쌓고 있는지 막연하고, 당장 회사를 그만두게 되면 무엇으로 먹고 살 수 있을지도 잘 모르겠다. 그렇다고 회사를 오래 다닐 수 있을지도 미지수다. 40대면 은퇴하는 시대이기도 하거니와 큰 기업들도 하루아침에 망하는 불경기니까.

나는 여태껏 현재를 얻기 위해 많은 자원과 에너지를 쏟아부었다. 밥도 제대로 못 먹으면서. 10대 때는 아침밥을 차 안에서 먹었다. 전날 새벽까지 공부하느라 아침에 잘 일어나지 못했고, 겨우 일어나면 엄마가 학교까지 태워다 주시는 차 안에서 우적우적 김치볶음밥을 먹었다. 대학생 때도 다를 건 없었다. 학점, 알바, 취준(취업 준비)을 위해 바쁜 시간을 쪼개며 김밥을 먹고 졸음을 참기 위해 카페인을 들이부었다. 월급을 받는 직장인이 되고서도 바뀐 건 없었다. 같이 밥 먹기 싫은 사람들과 함께 앉아 듣기 싫은 말소리를 참아가며 알코올까지 털어 넣었으니 말이다. 회사에서 지원해 주는 건강 검진에서는 매년 위염 진단을 받았는데, 웃픈(웃기고 슬픈) 건 의사 선생님이 위염은 직장인이면 누구나 있으니 크게 걱정할 필요는 없다고 하셨다는 점이다.

몇 년 전 대한민국 사람들에게 "우리가 어떤 민족입니까" 하고 대뜸 물었던 광고가 있었다. 한민족도 홍익인간도 아니고 '배달의 민족'이라는 것에 많은 사람이 무릎을 탁 치며 공감했다. 전화 한 통이면 언제 어디라도 찾아가는 한국식 배달 문화는 전 세계 어디를 가도 없다. 24시간 동안 도시의 불이 꺼지지 않고 빨리빨리가 가장 큰 미덕으로 여겨지는 나라에서 피어난 경쟁력이다. 이 광고를 내건 회사는 일순 무섭게 성장하더니 유니콘이 되었고 유사 서비스들도 앞다투어 등장했다.

이제는 내로라하는 맛집의 음식이 20~30분 내로 도착한다. 연계 서비스 구독이라도 하면 배달비도 무료인 데다가 1인분도 배달이 가능하니 음식 가격도 꽤나 합리적이다. 빠른 페이스로 살아가는 도시인들에게 배달 서비스는 돈과 시간, 그리고 에너지를 모두 아껴준다는 점에서 생활의 필수재로 자리 잡았다.

하지만 나는 배달 앱을 지웠다. 이유는 단순하다. **손수 밥을 해먹을 줄 아는 사람이 되고 싶었다.** 빠르게 변해가는 세상에서 난 앞으로 뭘 해먹고 살아가야 하나 고민은 되지만, 뭘 하든지 일단 잘 해먹고 살자는 생각이다. 또다시 사회의 정답처럼 여겨지는 목표를 위해 달려가야 할 수도 있을 것이다. 하지만 그게 무엇이든, 그 아무리 대단하더라도 결코 밥 먹는 시간까지 희생하면서 할 건 아닐 테다. 세상의 정답은 계속해서 바뀔 것이고 결국 다 먹고 살자고 하는 걸 테니. 장을 보고, 메뉴를 생각하고, 요리를 하고, 먹고, 치우는 과정은 돈도 시간도 체력도 많이 든다. 하지만 이 비효율이 내게 주는 낭만은 그 모든 번거로움을 상쇄해 버린다.

1. 장보기 – 새로운 계절을 반기는 일

매번 장보기 위해 가는 마트라고 하더라도 그때마다 괜찮은 재료는 다르다는 것을 알아챘다. 평소보다 실하고 싱싱한 계절 재료를 보면서 미리 생각해 둔 식사 메뉴가 바뀔 때도 있다. 그럴 때면 식재료를 앱으로 주문하지 않고 시간을 내서 나온 스스로가 대견해진다.

제철에 맞춰 나온 반가운 채소와 과일을 보는 건 장보기 중 내가 가장 좋아하는 순간이다. 겨울 내내 한 소쿠리 저장해 둔 양파를 먹다가 봄이 오면 햇양파를 만날 수 있다. 저장 양파는 무른 데다 싹도 금세 자라기 때문에 사용하기가 까다롭지만, 햇양파는 칼로 자를 때부터 사각 소리를 낼 만큼 단단하다. 새하얀 색이 예쁘고 맛도 달고 향긋하다. 양파는 많은 요리에 이모저모 요긴하게 쓰이기 때문에 햇양파를 산 날에는 집에 돌아가는 발걸음에 뿌듯함이 어린다.

여름을 기다리는 건 복숭아 때문이다. 딱복(딱딱한 복숭아)파인지 물복(물렁한 복숭아)파인지는 짜장이냐 짬뽕이냐 만큼 첨예하게 대립하는 주제다. 참고로 나는 딱복파다. 향긋한 복숭아는 생각만으로도 기분이 좋아진다. 아침 식사로 매일 먹는 샐러드와 요거트도 복숭아 하나만 곁들이면 근사해진다. 게다가 요즘은 여러 종류의 복숭아를 한국 땅에서 편히 맛볼 수 있다. 유럽 여행에서만 맛볼 수 있었던 납작 복숭아도 있고, 납작 복숭아와 한국산 딱복을 교배한 대극천 복숭아도 있다. 올해 가장 스타였던 신비 복숭아는 천도 복숭아와 백도 복숭아의 장점만 섞어 탄생했다. 가을에는 햇고구마와 무화과, 겨울에는 무와 딸기가 빛을 발하는 존재이다.

새로운 과일이나 채소가 들어온 날이면 동네 야채 가게 사장님의 텐션이 높아진다. 내가 가게에 들어온 순간부터 마치 서프라이즈 선물을 준비한 것처럼 신상 채소와 과일을 짜잔하고 보여주신다. 그 기세에 압도당해 나의 리액션은 평소의 두 배 정도는 커진다. 다 같이 즐거워지는 순간이다. 이렇게 장보기를 하다 보면 내가 계절의 변화를 느끼며 살고 있다는 생각이 든다. 제철 재료가 식탁에 올려져 있을 때면 내가 그 계절의 가장 풍성한 것들을 누리고 있음이 감사해진다. 그리고 이러한 순간들 덕분에 또다시 새로운 계절이 돌아오는 것을 반기게 된다.

2. 재료 손질하기 – 나와 너에게 잘해주는 일

 개인적인 의견이지만 요리 과정 중 가장 많은 공을 들이게 되는 일이 식재료 준비라고 생각한다. 재료를 씻고, 손질하고, 자르는 과정에서 가장 많은 에너지가 쓰인다. 막상 조리 과정으로 넘어간 후에는 생각보다 순식간이다. 물론 오래 조리가 필요한 요리도 있지만 최신 전자 제품들이 많은 역할을 해주기 때문에 비교적 공수가 덜하다고 느껴지곤 한다.

 그러나 식재료를 다듬는 건 아무래도 직접 해야만 한다. 보조 기구가 있기는 하나 잘못 사용하면 좋은 재료들이 되레 상해버릴 수 있다. 그래서인지 바쁜 도시인들이 해먹기 어려운 난이도의 음식 중 하나가 나물 반찬인 것 같다. 금방 상해버리는 적은 양의 나물을 맛보기 위해 여린 채소를 하나하나 다듬어야 하기 때문이다.

 그럼에도 식재료를 다듬고 있노라면 마음이 평온해진다. 나와 사랑하는 사람에게 먹일 재료의 신선함을 손으로 느끼고 있기 때문일까. 세심하게 씻고 상한 부분을 덜어내는 과정은 유기농 마크만으로는 충족되지 않는 안도감을 준다. 신선한 재료의 좋은 부분만 고르고 있노라면 내가 나한테 꽤나 잘해 주고 있는 것 같은 기분이 든다. 내가 먹을 한 끼를 위해 이다지도 정성을 들이고 있구나.

하루는 엄마가 급작스럽게 수술을 받으셨다. 눈이 많이 오던 날, 미끄러지셨는데 그대로 고관절 뼈가 골절된 것이다. 다행히 수술은 잘 되었으나 문제는 한동안 걷지를 못하셨다. 나는 워낙 아들 같은 딸이라 할 수 있는 게 별로 없었다. 그래서 달래장을 담갔다. 달래는 내가 다룬 것 중 가장 손이 많이 가는 나물이다. 줄기 하나 하나를 전부 다듬어야 해서 여간 귀찮은 게 아니지만, 봄에만 나오기도 하고 봄의 향을 가득 담고 있어 입맛을 한껏 돋우니 먹지 않고 지나가면 너무 아쉬워지는 그런 재료다. 그리고 한 번 달래장을 해두면 밥 한 그릇이 뚝딱이다. 밥에 비벼 먹어도 좋고, 전에 찍어 먹어도 고구마에 올려 먹어도 제맛이다. 그래서 엄마에게 달래장을 담가 드렸다. 아파도 밥은 잘 챙겨 먹었으면 좋겠다는 마음도 같이 담았다.

3. 해외에서 밥 해먹기 - 나는 나를 먹일 줄 아는 사람

 손수 밥 해먹기를 정말 잘했다고 생각하게 되는 건 특히 해외를 갔을 때다. 해외에서도 뭐든 잘 먹고 소화해 내는 사람들이 정말 부럽다. 나는 그렇지 못한 편이라 항상 여러 종류의 소화제를 상비약으로 챙겨야 한다. 그리고 한 해가 갈수록 익숙한 음식을 먹지 않는 기간이 길어지면 기력이 떨어진다. 한국보다 몇 배는 비싸고 맛도 덜하지만 결국 한식당을 찾게 되는 것도 그 때문이다.

 하지만 밥을 해 먹을 줄 알고 나서부터는 현지 마트를 가는 게 가장 큰 취미이자 여행 코스가 되었다. 마트만 보이면 들어가 신선한 유제품과 고기, 과일과 채소, 여러 소스를 구경한다. 무엇을 해먹을 수 있을까 고민하는 과정이 재밌고 신나서 전보다 여행이 더 좋아졌다. 한국에서는 구하기 어려운 현지 재료로 요리하다 보면 맛있는 레스토랑을 가는 것만큼 근사한 식사라는 생각이 들기도 한다.

 해외에서 체류하는 시간이 길어지면 손수 해먹는 밥의 영향력은 더욱 커진다. 외식비를 아낄 수도 있고 체력도 보전할 수 있기 때문이다. 낯선 곳에서도 평소처럼 잘 지내고 있다는 점에서 뿌듯하기까지 하다. 그러면서 밥을 해먹을 줄 안다는 것은 어디서든 잘 살 수 있는 자립의 방법 중 하나라는 생각이 든다. 비록 내가 쌓아온 지식이나 능력의 쓸모는 세상이 변하면서 가치가 떨어질 수 있지만, 밥을 해먹을 줄 안다는 것은 내가 어디에 있더라도 변함없이 발휘될 능력이라는 생각이다.

밥 해먹고 산다는 이야기는 너무 진부해서 가타부타 할 것도 없는 소재일 수 있다. 그렇지만 나는 오랜 시간 손수 해먹는 밥의 소중함을 알지 못했고, 이 세상에는 적어도 밥해먹는 것보다는 중요한 가치가 많다고 믿어왔다. 그렇지만 나는 밥을 해먹기 시작하면서 나의 일상을 더욱 좋아하게 되었다. 나에게 건강한 밥상을 선사하는 과정을 통해, 어디서든 나를 먹일 수 있다는 자신감을 통해 행복해졌다.

> 혹시 복숭아는, 물복파세요 딱복파세요?
> _____

9. 죽을 뻔했어도 운전대는 놓을 수 없어

삶의 지평을 넓혀주는 행위

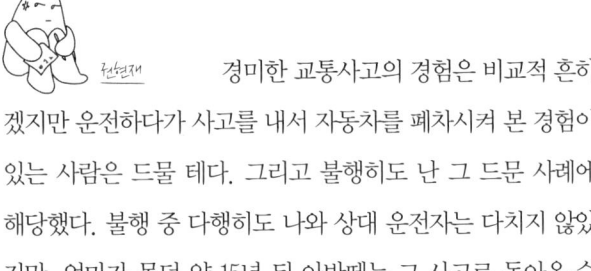 경미한 교통사고의 경험은 비교적 흔하겠지만 운전하다가 사고를 내서 자동차를 폐차시켜 본 경험이 있는 사람은 드물 테다. 그리고 불행히도 난 그 드문 사례에 해당했다. 불행 중 다행히도 나와 상대 운전자는 다치지 않았지만, 엄마가 몰던 약 15년 된 아반떼는 그 사고로 돌아올 수 없는 강을 건넜고 나는 급격한 보험료의 상승으로 인해 엄마의 눈초리와 잔소리로 한동안은 운전대를 잡지 못했다.

하지만 결국 상황이 사람을 만든다고, 차가 없이는 도무지 이동이 힘든 위례에 산 덕분에, 혹은 때문에(나는 지인들에게 위례를 차 없이는 다니기 힘든 서울 동쪽의 텍사스 같은 동네라고 표현한다), 지극히 필요에 의한 운전을 다시 시작하게 되었다. 어느 정도 시간이 지나자 금방 다시 운전에 익숙해졌지

만 여전히 사고에 대한 기억은 의식의 저편 어디에 자리 잡고 있었다. 하필 대부분의 생활 반경이 강남권이었던지라 분당 수서 고속도로 같은 악명 높은 여러 구간을 자주 지나다녀야 했고, 복잡한 서울 시내에서 주행한다는 것은 항상 어느 정도의 긴장과 스트레스를 내 볼록 솟은 승모근에 얹어주곤 했다.

그리고, 뉴욕으로 오게 되었다.

뉴욕에서는 도통 차를 몰 일이 생기지 않았다. 한국 대중교통의 수준에 결코 비할 바가 못 되는 수준이긴 하지만, 냄새나고 더러울지언정 뉴욕은 그 어느 도시보다도 지하철 노선이 촘촘했고, 대중교통 이용이 여의치 않다면 뉴욕의 따릉이 격인 시티바이크를 쉽게 이용할 수 있었다. 그에 비해 켜켜이 쌓아 올린 페이스트리처럼 모든 게 가로 세로로 밀집된 맨해튼에서 주차할 만한 공간을 찾는다는 건 그만큼의 비용을 지불해야 하는 일이었고, 기타 자동차 유지비도 꽤 큰 부담이었다. 한국에서도 엄마 차를 빌려 썼던지라, 맨해튼에 살면서 내 차를 구매할 정당성은 이미 태평양을 건너오며 마리아나 해구 속으로 사라졌다. 자연스레 운전에 대한 감각도 조금씩 희미해져 갔다.

내가 소유하고 있지 않은 바퀴 달린 것들을 이것저것 옮겨 타고 다니며 대부분의 시간을 도시 안에서 보냈다. 그러다 6월 중순 거의 완벽에 가까운 날씨였던 어느 날, 뉴욕에 온 후 처음으로 차를 빌려 도시에서 약 두 시간 정도 떨어진 근교를 방문하게 됐다. 꽤 오랫동안 운전을 하지 않았었고, 또 뉴욕에서는 처음하는 운전이라는 부담감에 초반에는 엑셀에 얹은 오른발에 무게를 싣기가 어려웠다. 하지만 복잡한 도시를 지나 허드슨강을 끼고 있는 고속도로에 진입하자, 뚜벅이 생활 6개월 만에 잡은 운전대는 놀랍도록 신선한 해방감을 안겨주었다. 완벽한 날씨, 적당한 교통량, 공휴일이 주는 달콤함 등 운전을 즐기게 한 요소들은 여러 가지가 있었지만, 그 무엇보다도 내가 스스로 빠른 속도로 움직일 수 있는 탈 것을 제어해 가며 나의 가동 범위를 순식간에 늘렸다는 것 자체가 묘한 자유로움과 성취감을 선사했다. 그동안은 건물 너머 건물인 울창한 건물숲 속에서 시야가 가로막힌 채 남이 운전하는 지하철, 버스, 우버 등 결코 쾌적하지 않은 탈 것에 이동이라는 중차대한 부분을 자의 반 타의 반으로 맡겨두고 무기력한 상태로 도시 이곳저곳으로 옮겨지곤 했다. 오랜만에 탁 트인 곳에서 막힘없이 엑셀을 밟는 기분은 마치 서부로 간다는 분명한 목표와 그 목표를 이룰 수 있는 말이라는 충분한 수단이 있는 서부 개척 시대의 카우보이의 그것처럼 자유롭고 충만했다. 그날은 일정 자체도 훌륭했지만, 도합 서너 시간 정도의 운전은 흔히 말하는 '드라이브'가 되어 그날을 더할 나위 없는 하루로 만들어주었다.

운전은 잊고 있던 해방감뿐만 아니라 내가 삶을 꾸려나가고 있는 도시와 그곳에서 살고 있는 나라는 사람에 대한 인지 범위를 넓혀주기도 했다.

흔히 '뉴욕'이라고 하면 떠오르는 타임스퀘어, 센트럴 파크, 끝없이 늘어선 고층빌딩 등의 이미지는 '뉴욕 시티', 그중에서도 대부분 '맨해튼'에 대한 것들이다. 하지만 사실 뉴욕을 상징하는 거의 모든 것들이 모여 있는 맨해튼은 뉴욕 시티를 구성하고 있는 다섯 개의 borough(지구) 중 하나일 뿐이고 그 뉴욕 시티도 더 큰 뉴욕주에 속해 있는 '구' 중 하나이다. 집도, 직장도 맨해튼이고 문화 생활이나 취미 생활 등도 대부분 맨해튼에서 하게 된 나는 넓고 광대한 기회의 땅인 미국에 왔건만 왜인지 가끔 답답했다. 서울에 살 때는 운전대를 잡고 외부 순환도로와 강변북로를 누볐기에, 자연스럽게 서울이라는 공간에 대한 인식 범위가 동남쪽 끝인 송파구 장지동부터 북서쪽 끝인 은평구 수색동까지 넓게 확장되어 있었다. 광진구에서 고등학교를 다닌 후, 서대문구에서 대학 시절을 보냈고 송파구에서 강남구로 출퇴근을 하고 주말이면 용산구의 위스키 바에 가서 술을 마시거나 강동구에 가서 테니스를 치곤 했다. 뉴욕에서는 인천 남동구와 비슷한 크기의 맨해튼에서 자리 잡고 맨해튼 미드타운의 미술관과, 맨해튼 웨스트빌리지의 식당과 술집을 가고, 맨해튼 센트럴파크에서 러닝을 하며 꽤나 좁아진 반경 안에서 생활하게 되었다.

공간에 대한 인식과 이해의 정도는 스스로를 규정짓기도 했다. 나를 서울 시민으로 정의했을 때는 내가 인식하는 넓은 서울과 압구정의 화려함, 부암동의 고즈넉함, 노량진의 활기와 같은 다양한 동네들의 특색들 또한 나라는 사람의 일부로 느껴져, 내가 좀 더 크고 다채로운 사람처럼 느껴졌다. 반면 내가 느끼고 이해한 뉴욕은 대부분 맨해튼이라는 동서 3.7km, 남북 21.6km의 공간에 한정되어 있다 보니 뉴요커가 된 나는 서울 시민이었던 나보다 조금 좁고 얕아진 것 같았다. 뉴요커가 되고 싶었던 나는 어쩐지 맨해튼 촌놈이 되어버린 듯했다.

하지만 오랜만에 운전대를 잡고 맨해튼과 뉴욕시를 벗어나자, 천에 묻은 물감이 서서히 번지듯 내가 인식하고 있던 뉴욕의 범위도 북쪽으로 50km 정도 넓어졌다. 수동적으로 탈 것에 몸을 맡긴 채 목적지로 실려 간 것이 아니라 운전대를 잡고 스스로 어딘가로 향했다는 것이 보다 능동적으로 더 넓은 공간을 인식하게 해주었다. 그날의 경험으로 맨해튼에 살면서 가물에 콩 나듯 브루클린 정도만 겨우 갔던 맨해튼 촌놈은 주말이면 교외의 넓은 아트 센터를 방문하거나 등산을 갈 수 있는 뉴욕주의 주민이 되었고, 얼마간 편협하게 느껴졌던 자아가 기지개를 켰다. 새로운 곳에서 새로운 것을 하는 것뿐만 아니라, 새로운 곳에서 익숙한 것을 마주하는 것도 그 익숙함을 새삼스러움으로 바꿔주어 뜻밖의 즐거움을 더해준다. 그렇게 나는 운전의 즐거움을 지구 반대편에서 온몸으로 깨닫게 되었다.

> 내가 지금까지 거쳐왔고, 또 지금 살고 있는 동네는 나에게 어떤 영향을 미쳤나요?
> _____

10. 바로 어제 일도 기억이 안 날 땐

일상 낭만화의 첫걸음, 기록

어쩌자고 벌써 10월이다. 며칠 전까지 덥다고 반팔도 거추장스러웠던 것 같은데, 으슥한 가을 바람을 맞으며 출근할 때마다 '가을이 벌써 찾아왔구나'라며 놀란다. 눈 깜짝할 새 곧 패딩을 꺼내겠지. 익숙해질 법도 한데, 왜 이리 계절의 변화에 매번 놀라고만 있는지 모르겠다. 분명히 서서히 변하고 있었을 텐데. 에어컨과 보일러가 있는 실내에서 대부분의 시간을 보내서 그런 걸까. 밖에서도 스마트폰만 들여다보아서 그런 걸까. "앗 더워.", "앗 추워.", "앗 비 온다."라는 단순한, 날 것의 감각 말고는 시간의 흐름을 느끼는 능력이 사라진 것만 같다. 그리하여 봄날 꽃의 만개를, 여름날 바다로 뛰어드는 흥분을, 우거지는 가을의 단풍을, 이유 없이 설레는 겨울의 첫눈을 기다리는 낭만이 이제는 내게 낯설다. 항상 한발 늦게 알아차리기 때문에.

'무료함'

빠른 시간의 흐름과 가장 대척점에 있을 것 같은 이 감정은, 역설적이게도 시간이 어떻게 흘러가는지 파악하지 못하고 있는 요즘 내게 가장 크게 느껴지고 있다. 매일의 일상 속 소소한 브레이크를 걸어주는 주말 오후, 나는 서재 빈백에 비스듬히 누워 '이번 주에 뭐 했지?' 떠올려 본다. 나름의 정리랄까. 그런데 놀랍게도 뭘 했는지 잘 기억이 나지 않는다. 뭐 평일에는 출근을 하고, 밥을 먹고, 퇴근을 했겠지. 집에 와서는 소파에 누워 OTT 플랫폼에서 해리포터 시리즈를 정주행했을 것이고. 이렇게 반복된 일상이라 무료함을 느꼈겠지, 특별히 기억나는 것이 없겠지, 라고 생각하며 스마트폰의 캘린더 어플을 살펴본다.

하지만 놀랍게도 캘린더에는 하루에 적어도 하나 이상의 이벤트들이 있다. 저녁 약속, 운동 레슨, (밀린) 전화 영어 수업… 캘린더에 적힌 일정들을 보니 '아 맞다, 이걸 했지.'라는 생각이 들면서 그제서야 그날의 일들이 떠오르기 시작한다. 꽤나 오랜만에 만난 지인과 식사를 하며 반갑게 서로의 안부를 물었고, 오랜 만에 스윙이 잘되어 '나 골프 신동 아닐까?'라며 자만했던 골프 레슨도 기억이 났다. 하체 웨이트를 고강도로 해서 다음 날 걷는 것이 힘들었던 헬스장에서의 기억까지. 이런 일들이 단 며칠 만에 하얗게 사라진다는 것이 신기했다.

뭐야, 나 굉장히 다채롭게 살았잖아? 이렇게나 많은 순간과 감정들을 왜 하나도 기억하지 못하고 무료한 일상을 보내고 있단 착각 속에 살고 있었던 것일까. 하루하루 속 크고 작았던 즐거움과 웃음, 고통과 아쉬움을 왜 다 없었던 듯 기억 속에서 지워버렸던 것일까. 마치 10분 전 일만 기억하는 메멘토 주인공이 된 듯한 공포감에 사로잡힌 나는, 기록으로 기억을 잡아보기로 했다.

그리고 작은 결심을 했다. 일기를 써보자. 책장 구석에 꽂혀 9개월 간의 먼지가 얇게 쌓여 있는 스타벅스 다이어리를 꺼냈다. 당시 인기 있는 빨간색 다이어리를 받으려고 하루에 2잔씩 음료를 마셨었는데, 올해 초 힘들었던 기억(혹은 욕)으로 가득 찬 출장 일대기를 쓰는 것을 마지막으로 한 번도 들춰보지 않았던 다이어리. 읽다 보니 9개월이 지난 지금도 당시 힘들었던 미국 출장의 기억이 바로 어제 일처럼 생생히 펼쳐졌다. 동시에 그동안 나의 기록을 조금 더 촘촘히 남겨두었다면, 언제 가을이 왔는지 모르는 올해가 조금 더 다양하게 기억될 수 있었을까라는 아쉬움도 들었다. 입으로는 낭만을 찾으면서 낭만의 기본인 계절조차 헤아리지 못하고 나날을 보냈다니.

후회의 청승을 내려놓고 오늘의 날짜가 적힌 페이지를 펴 일기를 쓰기 시작했다. 가만, 일기를 어떻게 썼더라. 오늘 있었던 일을 써야 하나, 내가 느낀 생각과 감정을 써야 하나? 독자는 현재의 나일까 미래의 나일까? 하도 일기를 안 썼더니, 일기 쓰는 법마저 까먹어 버린 나는 초등학교 방학 숙제를 하던 때처럼 시간순으로 적어 내려가기로 했다.

일어나서 엉거주춤하게 스트레칭을 한 것, 출근 길에 커피를 산 것, 점심은 누구와 먹었는지, 어떤 회의를 했는지, 퇴근 후에 무슨 운동을 했는지, 집에 와서 본 해리포터는 어땠는지를 소상히 적었다. 책상에 앉아 잠시 숨을 고르고 천천히 하루를 돌아보며 또 한번 놀랄 수밖에 없었다. 캘린더 어플 속 일주일치의 일정을 훑어 봤을 때보다도 나의 하루는 다채로웠다. 스스로가 이렇게 많은 일들을 하고 다양한 감정을 느꼈다는 것을 깨닫는 것은 매우 즐거운 경험이었다. 불과 24시간 전의 나의 일을 찬찬히 바라보는 것이 이렇게 낯설고 흥미진진할 줄이야. 그래, 다채로움 그 자체였다.

요즘 내 일상은 마치 어린 시절 놀이터에서 즐겨 탔던 뺑뺑이 위에 놓여 있는 것 같다는 생각이 들었다. 아주 빠르게 돌고 있는 뺑뺑이 위에서 한발 한발 천천히 디뎌가며 놀 때는 주위 풍경을 360도로 담으며 볼 수 있지만, 속도를 붙이는 순간 점점 빨라지는 뺑뺑이 속에서 바라보는 풍경은 한데 섞여 하나의 둔탁하고 단조로운 배경으로 변한다. 빠르게 흘러가며 보면 한 가지의 무채색으로 보이는 풍경, 천천히 보아야만 비로소 알 수 있는 색들. 나는 지금 자기 발로 굴리는 뺑뺑이 위에 올라타 있는 것은 아닐까? 하루하루의 시간을 오롯이 바라보지 못하고 후루룩 흘러가도록 내버려두며 집합화된 날들은 무료하게 평범하고 특별할 것 없는 나날들로 남겨진다. 그렇게 하루, 일주일, 계절이 흘러가고 나는 또 "벌써 가을이야?"를 외치며 속절없이 시간이 빠르게 지난다고만 생각하는 것이 아닐까.

시간의 속도를 늦추기 위해 이제는 매일 일기를 쓴다. 내 주위에 무엇이 있었는지 모두 눈에 꾹꾹 담아 넣으려고. 타자기로 타이핑하는 속도조차 내 생각보다 빠른 것 같아 펜을 들어 한 글자 한 글자 눌러서 일기장에 적으며 하루를 복기해본다. 여전히 일기를 잘 쓴다는 것이 어떤 것인지 모르겠지만 일기를 씀으로써 하루를 잡는다. 가수 아이유는 삶의 흔적을 남기기 위해 일기를 쓴다는데, 흘러가는 시간을 일기장 위에 잠시 멈춰 세우면 내 삶이 목격되고 기록되는 듯해 뿌듯해진다. 옛말에 어른들이 "어른이 되면 시간이 빨리 가."라고 한 것이, 혹시 어른이 되면 일기를 안 쓰게 되어서 그런 게 아닐까. 학교에서 숙제로 일기를 써야 하는 시기를 벗어난 중학생 때부터 시간이 후딱 간 느낌이 드는 것을 보면, 꽤나 신빙성 있는 이론이 아닐까.

올 겨울은 날씨보다 내가 더 먼저 알아차리면 좋겠다.

> 3일 전 무엇을 했는지 선명하게 기억하고 있나요?
> 바로 떠오르지 않는다면 오늘 단 세 줄이라도 일기를 써보면 어떨까요.
> _____

11. 부암동의 일일

산책이 소설이 되는 하루

"구보는 다시 밖으로 나오며, 자기는 어디 가 행복을 찾을까 생각한다."

─『소설가 구보씨의 일일』 중

일요일 오전, 늦잠을 실컷 자고 일어나 아직은 찌뿌둥한 몸을 한껏 뭉개며 핸드폰 화면을 활짝 깨웠다. 최근에 책을 발간한 오랜 지인 A와의 점심 약속을 위해 그와 나의 중간 지점인 왕십리에서만 보자고 정해두고 정확히 어디서 볼지 정하지 않았다. 지도 앱을 켜고 왕십리 부근에서 '음식점' 버튼을 눌러 대충 괜찮아 보이는 음식점 3개를 후보로 A에게 보냈다. A는 '서울은 메뉴가 아니라 주차임ㅋ'이라며 한치의 고민도 없이 3개의 후보 중 무료 주차가 써있는 가장 첫 식당으로 가자고 했다. 소정의 퀘스트를 끝낸 기분으로 다시 눈을 좀 더 붙여볼까 하던 찰나, A에게서 다시 메세지가 왔다.

"오후에 좀 여유롭니? 날씨가 너무 좋은데 지하에서 식사하기보단 지상에서 햇살과 바람을 좀 맞으면 어떨까 제안하려고 말야."

전혀 예상하지 못했던 제안이었다. 오로지 편의에 의해 만날 장소를 골랐다 보니 만남에 대한 기대감이 크게 없었는데, 햇살과 바람을 좀 맞자니 이 얼마나 낭만적인 제안인가!

"픽업 갈게. 부암동 가자"

약 한 시간 뒤 그는 내가 사는 오피스텔 앞으로 차를 몰고 왔다. 2년 만에 만난 그가 내게 처음 건넨 말은 '굉장히 삭막한 곳에 사는구나'였다. 그제서야 유흥 주점이 즐비한 선릉 한 가운데에 있는 잿빛 오피스텔 촌으로 햇살과 바람을 맞자는 그를 오게 한 것이 살짝 멋쩍었고, 나를 얼른 이 삭막한 곳에서 구출해줬으면 하는 마음이 들었다.

조수석에 앉아 선릉의 골목을 빠져나오고 나니 A는 주섬주섬 주먹보다 훨씬 큰 한라봉을 나에게 건넸다. 제주도에 살 적에 알게 된 곳인데 본인은 매년 여기서 시켜먹는다며, 노지 귤이 확실히 하우스 귤보다 맛있다고 설파했다. 머리 크기에 맞지 않게 앙증맞은 모자를 쓴 듯 꼭지가 톡 튀어나와 있는 오렌지 색 과일을 보고 있자니 정말 생김새가 한라봉 그 자체였다. 두껍지만 폭신한 껍질 사이로 푹 하고 손톱을 찌르자 주체할 수 없이 터지는 과즙이 햇빛에 비추어 눈앞에 선명하게 보였다. 차 안은 순식간에 싱그러운 귤 향기로 가득 찼다.

A와 귤을 나눠먹으며 근황 이야기를 시작했다. 오래 만나지 않는 동안 그는 하던 일을 그만두고 혼자 시간을 보내며 그동안 쌓아온 본인의 전문 분야의 지식을 살려 책 한 권을 냈다. 일을 그만두니 시간이 차고 넘쳐서 강아지처럼 하루에 세 번 산책을 나가 햇빛을 쬐고 바람을 쐰다고 했다. 자신의 삶과 건강에 있어 가장 중요한 것들을 루틴에 넣어두고 하루에 필요한 에너지를 계산하여 딱 그만큼만 먹고 소진하는, 일상의 90%를 상수로 만드는 삶에 대해, 그래서 인간이 안정감을 느낄 때 나오는 세로토닌으로 충만한 삶에 대해 말하며 그는 그 어느 때보다 열정적이었다. 그리고 오늘 나를 만난 건 아주 큰

변수라며 나를 하루종일 '변수'라고 불렀다. 내가 만나자고 불러낸 것도 아닌데 괜히 그의 안정적인 일상의 파괴 주범이 된 것처럼 미안함을 살짝 느낄 때쯤 우리는 부암동에 도착했다.

 부암동. 이름이 너무 익숙해 분명 와봤다고 생각했는데 도착해서 마주한 동네는 낯설지만 포근했다. 완만한 경사가 진산 언덕배기에 골목을 따라 세워진 낮은 건물들의 오래된 상점들. A는 켜우 차를 세우고 눈앞에 보이는 만둣집이 진짜 맛있는 만둣집이라며 무작정 나를 끌고 들어갔다. 의도적으로 간헐적 단식을 하는 그와, 불규칙한 수면 패턴과 귀차니즘으로 아침을 거른 자취생인 내가 오후 1시가 되어서야 먹은, 1n년째 같은 자리에서 온갖 만두 요리만 파는 곳의 만두는 도파민 그 자체였다. 만두를 먹으며 그는 그가 한창 빠져 있는 뇌과학에 기반한 행동 패턴에 대해 이야기했다. 뇌과학적으로 인간은 동물과 다르게 무엇을 보면 바로 행동하는 것이 아니라, 먼저 인지하고, 그 기억을 판단하여 저장한 이후에 행동한다. 그래서 인간은 무엇을 보는지가 굉장히 중요하다고 했다. 어떤 것들을 어떻게 인지하고 판단하여 자신의 대뇌피질에 저장하고 추후 판단의 근거 혹은 철학의 근간으로 둘 것인지를 엄선해야한다는 것이 그의 주장이었다. **그래서 요즘 본인 스**

스로에게 좋은 것을 먹이고, 좋은 것을 보고 듣게 하는 놀이에 푹 빠져있다고 말했다. 누가 들으면 굉장히 괴짜같은 이야기를 꽤나 진지하게 하고 있을 때쯤, 이제 그만하고 나가라는 신호처럼 등산객 무리가 좁은 가게로 비집고 들어와 왁자지껄 떠들기 시작했다. 두 명이서 식당 한가운데에 위치한 가장 큰 테이블을 차지하고 있던 우리는 황급히 뇌과학 이야기를 마무리하고 밖으로 나올 수밖에 없었다.

밖으로 떠밀려 나온 후 골목을 따라 조금 더 내려가 부암동의 명물이라는 오래된 스콘 맛집을 들어갔다. 요즘 트렌드를 따라가지 않고 컬러풀하지만 전혀 촌스럽지 않은 소품들과 인테리어는 한눈에 봐도 감각적인 사람이 운영하는 가게 같았다. 마침 외국인 손님들이 몇몇 테이블에 앉아 있어 마치 프랑스의 스콘 가게에 와 있는 것처럼 이국적인 분위기를 풍기는 가게 창 밖으로 흐드러지게 서 있는 소나무 한 그루를 보니 한 편의 풍경화를 보는 듯한 기분이었다. 부암동만의 매력이 확 와닿는 순간이었다. A와 나는 스콘과 커피 한잔씩을 시켜두고 뇌과학의 다음 주제로 공간의 질서에 대해 토론했다. 오래된 가게들을 보면 내부가 너저분해 보이지만 사실은 무수한 시간을 지나고 사람을 거치면서 눈에는 보이지 않는 가장 최적화

된 질서가 존재한다고. 그리고 그 질서는 철저히 계획한다고 해서 만들어지는 것이 아니라 실제 사람 손을 타고 시간이 누적되어야 비로소 찾게 되는 것이라는 의견에 서로 공감하며 달콤한 스콘 향과 커피 향을 음미했다.

  마지막 코스로는 부암동 산길을 햇살과 바람을 쐬며 걸어 올라갔다. 산책을 하며 나는 그에게 요즘의 고민을 털어놓았다. 산은 산이오, '바다는 바다다.'와 같은 초월적인 마음으로 살다 보니 허무주의에 빠지게 되었다는 나의 이야기를 들려주고 무엇이든 답을 가지고 있을 것만 같은 그에게 허무주의에 빠진 적이 없냐고 물었다. 그는 없다고 단호하게 이야기했다. 허무주의로 가려면 기본적으로 삶에 여유가 있어야 하는데 본인은 그간 창업으로 시작한 사회 생활에서 '생존'의 문제로 정신없이 달리느라 허무 따위는 느껴볼 여유가 없었다는 말을 들으니 괜스레 부끄러워졌다. 나는 초월한 것이 아니라 굉장히 사치를 누리고 있었던 것이구나. 생존의 위협도 받지 않고 안락한 온실 속 화초로만 살아와서 인생이 너무 별볼일 없고 쉬워 허무하다고 징징대는 꼴이었다. 물론 그는 나를 전혀 그렇게 판단하지 않았고, 오히려 잠시 동안은 지난한 일상을 뚜렷한 목적없이 그냥 살아내는 것만으로도 대단한 것이라며 치

켜세워주었다.

  시계를 보니 벌써 오후 4시가 다 되어갔다. 오전 11시 반에 만나 변수로서의 역할을 할 만큼 한 나는 이제 그만 그의 일상에서 빠져주어야겠다 생각하고 집으로 가자고 제안했다. 그렇게 집에 돌아온 후, 하루종일 받은 햇살 때문인지, 아직은 쌀쌀하지만 이른 봄내음이 담긴 바람을 실컷 쐬서인지, A와 흥미로운 대화를 많이 나눠서인지, 오늘 이 도시를 참 잘 즐겼다고 회고했다. 그리고 일상의 상수를 풍성히 하고, 스스로에게 맛난 것을 먹이고, 예쁜 것을 보게 하는 나날들을 조금 더 마련해보면 좋겠다는 생각과 함께 노지귤을 파는 곳을 찾아보았다.

  "점심 때 아주 큰 오렌지를 하나 샀어요 – 그 크기에 우리 모두 웃었답니다.
  그 오렌지가 나를 참 행복하게 했어요, 일상의 일들이 요새 자주 그런 것처럼요.
  살아있다는 게 기뻐요."
  – 웬디 코프의 시 「오렌지」 중

최근 몇 달 간 가장 기억에 남는 하루가 있나요?
배경은 어떤 동네였나요?
그 하루가 기억에 남는 이유는 무엇인가요?

_____

세 번째 일기

어른이 타는
그네

울고 웃으며
조금씩 알아가는
어른으로서의 삶

"걸음 후에도 도착해야 하는 다섯 걸음 후에도 몸짱아야 하는 도시 사람은 웃음 운 크게야 한다."

1. 깻잎은 30대 여성을 피임하게 만든다

간이 쪼그라드는 30대

 아침에 새로운 루틴이 생겼다. 의식적으로 하는 루틴이라기보다는 자동반사적으로 하는 습관에 가깝지만 일어나자마자 창가로 다가가 키우는 깻잎의 안위를 확인한다. 좁은 원룸 창가에서 기르는 깻잎들은 외풍을 맞지 않아 그런지 묘하게 매가리가 없다. 특히, 밤이 되면 뭔가 잘못된 것처럼 잎이 아래로 축 처지곤 하는데 아침이 되면 언제 그랬냐는 듯이 해를 향해 잎을 잔뜩 펼치고 있는 모습이 괜히 대견하다. 아침마다 잎을 잘 펼치고 있는지, 흙이 마르진 않았는지 확인하며 어느새 한 마디씩 자라난 잎을 괜히 쓰다듬곤 한다. 그리고 잎을 쓰다듬으며 생각한다. '난 애는 못 키우겠다.'

두려울 게 없었던 10대, 20대 때에는 엄마가 참 답답했다. 위험하다며 스키도 안 타고, 래프팅도 안 하고, 롤러코스터도

안 타는 엄마의 소심함을 이해할 수 없었다. 내 눈에는 그리 위험해 보이지도 않는데 뭘 그리 조심하시는지. 하지만 나이를 먹어가며 스키장에서 쇄골뼈가 부러져 3개월간 깁스를 한 지인의 생생한 경험담과, 매년 여름마다 빠짐없이 뉴스에 등장하는 물놀이 인명 사고 등의 소식이 차곡차곡 내 해마 한구석에 쌓였다. 여기저기 직접 아프고 다쳐본 경험들도 성실하게 전두엽에 자리 잡았다. 가늠할 수 없어 뜬구름 같았던 위험들은 어느새 또렷하게 실재하는 위협이 되었다. 그리고 나는 조금이라도 앞차와 가까워지려거든 조수석에서 소리를 꽥 지르며 손잡이를 움켜잡는, 엄마와 비슷한 어른이 되었다.

모난 돌이 정을 맞듯 이곳저곳으로 뻗어 있었던 나의 과감함과 대담함은 조용히 갈려 나갔다. 나이를 먹으며 자연스레 내 경험의 백사장이 조금씩 넓어졌다. 하지만 경험의 폭을 넓히는 과정에서 겪은 필연적인 고통, 실패, 좌절은 그 백사장에 들일 수 있는 모래를 걸러내기 위한 거름망을 함께 가져왔다. 보기엔 예쁘지만 자칫하면 발을 베일 수 있는 조개껍질 같은 것들은 착실히 걸러졌고, 결국엔 맨발로 밟아도 다치지 않을 안전한 것들만 백사장의 일부가 될 수 있었다. 몇 년 전 자전거를 타다 크게 다친 경험은 '어떠한 가림막도 없이 빠른 속도를 내는 탈 것은 피한다.'라는 거름망을 더했고, 그 결과 오토바이 타기 따위는 내 백사장에 발을 들일 수 없었다. **경험과 사고의 확장은 어떤 의미에서는 미래의 가능성을 축소시켰다.** 마치 입구는 크지만, 출구는 좁은 깔때기가 된 느낌이었다.

자취를 하며 처음으로 내가 온전히 책임지고 보살피는 식물을 몇 개 들였다. 그중 일부는 안타깝게도 이미 자연의 일부로 돌아갔지만, 깻잎만큼은 씨앗부터 키웠는데도 원룸 속 작은 화분에서 비교적 잘 자라주었다. 더디게 자라는 관상용 식물과 달리 깻잎은 하루가 다르게 줄기와 잎을 뻗었고 적당한 때에 잎을 솎아 요리 재료로 쓰기 위해 자연스레 매일 아침 눈길을 주었다. 그리고 마침내 첫 깻잎 몇 장을 똑똑 따며 작은 수확의 기쁨을 느끼게 되었을 때, 새로운 경험의 문이 열림과 동시에 미래에 가능한 경험 중 하나의 문도 함께 닫혔다.

기쁨의 순간에 도달하기 위해 계획하고 처리해야 했던 화분 구매, 분갈이, 물주기 등의 일련의 일들은 나의 일상에 수고로움을 더했고, 살아 있는 생명체의 안위가 나의 관심과 수고로 결정된다는 사실 또한 은근한 부담이었다. 행여 조금이라도 잎이 마르거나 구멍이 나면 햇빛이 모자란 건지, 물이 과한 건지 적은 건지 여러 가지 가능성을 생각해보며 환경을 이리저리 바꿔보았다. 내가 느낀 기쁨을 구체화하자면 맥락과 인과가 있는 '보람'이었다. 그리고 나는 보람이라는 종류의 기쁨을 위해 특정 정도 이상의 수고를 들이기에는 여러모로 참을성과 책임감이 없는 인간이었다.

그런 내가 애를 키운다고? 생명체를 키워낸다고? 자신이 없다. 안 될 일이다. 식물을 키운다는 것은 나의 백사장에 비교적 연착륙했지만, 출산과 육아는 그 경험이 새로 가져온 거름망에 턱 하니 걸려 나의 깔때기를 빠져나오기가 영 요원해 보인다. 그렇게 나는 깻잎을 기르며 다시 한번 비출산에 조금 더 가까워진다. 앞으로 나는 얼마나 더 겁이 많아질까, 또 엄마를 이해하게 될까.

> 나이가 들며 좀 더 확고해진 가치관이 있나요?
> 그 계기가 무엇이었나요?
> _____

2. 나 완전 망했네

실패 앞에서 나에게 솔직해지기

강버도   대학생 시절 가족과 식탁에 둘러앉아 평소와 같이 이런저런 이야기를 하고 있었다. 가십거리를 들고 온 언니 덕분에 오늘의 밥상머리 대화는 조금 흥미로웠다. 욕심이 많아 미움을 사는 70대 할머니 이야기였다. 그 할머니로 말할 것 같으면 젊은 시절 남의 집에서 식모살이를 하다가 그 집의 안주인이 죽자 곧바로 안방을 차지했다는 흉담의 주인공이었다. 이 흉보기의 포인트는 여전히 그 노인네에게 식모살이의 태가 남아 있어서 부잣집 안주인이 된 지 한참이 지났지만 아무리 좋은 옷을 입는다 한들 품격이 없다는 것이었다.

그런데 여기서 우리 가족 모두를 기겁하게 만든 건 바로 나의 반응이었다. "후… 만약 사람들이 나를 그 할머니처럼 보면 어쩌지?" 그 말에 밥맛이 뚝 떨어진 우리 아빠는 바로 밥숟가락을 식탁에 딱 내려놓고는, 대체 너와 그 할머니 사이에 무슨 공통점이 있다는 거냐 따져 물으셨다. 남부럽지 않게 키웠고, 학생 때부터 공부도 잘해 줄곧 집안의 자랑이었던 녀석이 대체 무슨 생각인지 모르겠다면서, 방문을 닫고 들어가 끙끙거리셨다. 언니가 엄마에게 속닥거리는 척하며 다 들리게 "쟤 어디 심리 상담이라도 받아봐야 하는 거 아냐."라고 말하는 것으로 그 해프닝은 종료되었다.

지금 와서 그때를 떠올리면 대체 내 머릿속에 뭐가 들었던 건지 헛웃음이 나지만, 당시 내가 느꼈던 감정들을 되짚어보면 납득이 간다. 그때는 내가 가진 모든 것이 바라는 정도보다 결핍된 상태였다. 젖 먹던 힘까지 끌어모아 간신히 원하던 대학에 합격했는데, 그곳에 가서 친구들을 만나 보니 지금껏 내가 듣고 보고 경험한 모든 것이 초라하게 느껴졌다. 명문고나 국제 학교 출신에 학비 따윈 걱정 없는 용돈 생활자들이 주류처럼 보였다. 법조계나 금융계에서 유명한 사람이 부모님이라거나 태어날 때부터 미국 시민인 친구들이 흔했다. 나의 기준에 그들은 부잣집 안주인이었고 나는 열 배, 스무 배의 노력이 필요한 외지인이었다.

그때는 분명 아무도 나를 유심히 들여다보지 않았는데, 나는 남들이 나를 어떻게 바라볼지가 그렇게나 신경 쓰였다. 누구에게도 솔직한 마음을 털어놓기가 힘들었다. 내가 보기보다 괜찮지 않은 사람이라는 것을 들킬까 봐 모두와 적정 거리를 두었다. 내가 나를 사랑하지 못했기 때문에 나를 사랑한다고 다가오는 이들도 별로였다. 속이 외로운 만큼 겉을 화려하게 유지했다. 밖에선 잘 웃는 사람이었지만 집에만 가면 혼자 방문을 닫고 표정을 지웠다. 무엇을 향해 달리는지도 모르면서 더 나은 것을 찾기 위해 조급했던 것 같다.

하지만 그때의 나를 객관적으로 돌아본다면 이렇게 말할 수 있다. 젊고 아름다웠으며 똑똑했고 친화력 있는 사람이었다. 본인에겐 엄격하더라도 주변에는 칭찬과 배려를 아끼지 않는 다정한 사람이었다. 무엇보다도 가족들에게 넘치는 사랑을 받는 우리집 막내딸이었다. 모든 것을 가져놓고 나는 그때 무엇이 그렇게 힘들고, 괴롭고, 외로웠을까. 기준을 내가 아닌 남으로 잡은 대가는 내가 가지고 있는 단 한 가지도 제대로 누리지 못하게 할 만큼 가혹했다. 만년 자랑거리였던 막내딸이 스스로를 식모살이 출신의 할머니로 생각하고 있으니, 딸을 애지중지 키운 우리 아빠는 상처를 옴팡지게 받아 밥숟가락을 내려놓을 수밖에.

 반전이지만 지금의 나는 '이건 내가 귀여운 탓이지' 하며 나름 인생을 즐기는 인간이 되었다. 그때의 열등감은 다 어디로 가고 지금처럼 단단한 자존감을 갖게 된 결정적인 계기가 있었냐고 묻는다면 솔직히 잘 모르겠다. 수많은 경험을 거쳐오면서 좋은 방향으로 흘러오다 보니, 주변이 좋은 사람들로 채워져 지금의 내가 되지 않았을까 하는 생각이다. 그리고 그 경험에는 뼈아픈 절망도 포함되어 있다.

 사회 초년생 시절, 첫 직장에 들어가고 3년이 채 되지 않은 무렵에 나는 반강제적인 휴직을 했다. 나를 돌보지 않고 타인의 기대에 부응하려 쉼 없이 달리다 보니 몸이 축나 버렸기 때문이다. 사람이 많은 지하철에서 몇 번 쓰러졌는데 알고 보니 큰 대학 병원을 가야지만 치료를 받을 수 있는 병이 생겨 있었다. 그렇게 암울한 이유로 쉬게 되었음에도 나는 여전히 정신을 못 차렸고 가만히 있는 법도 배우지 못했다. 오전에는 운동하고 오후에는 영어를 공부하고… 하지만 밤에 누워 하루를 떠올려보면 도대체 뭘 했는지 기억이 나지 않는 시간을 보냈다. 허무했던 감정만이 선명하다. 이 모든 사단의 배경에는 어쨌든 잘해보고 싶었던 애씀이 있었으나 아픈 몸과 비어가는 통장이 그 결말이었다.

  하루는 가족들의 걱정 어린 눈빛을 피해 혼자 여행을 떠났다. 강원도의 조용한 시골 마을에 있는, 도서관처럼 책이 가득한 게스트하우스에 묵었다. 통나무로 만들어진 집이어서 걸을 때마다 삐걱대는 나무 소리와 함께 솔솔 나무 냄새가 풍겼고, 마당에는 개냥이 두 마리가 노닥였다. 가장 좋았던 곳은 마당을 지나 보이는 드넓은 밭이었다. 석양을 보기에 제격인 곳이었다. 그렇게 아무 생각 없이 휘이휘이 시간을 흘러 보내고 있다가 3일째 정도 되었을 즈음, 갑자기 울컥하는 감정이 차올랐다. **그때가 비로소 '나 완전 망했네'를 받아들인 순간이었던 것 같다.** 머리로는 분명 별일 아니라고 생각했다. 평소처럼 잘 보내면 된다, 그렇게 유약해진 마음을 다잡았다. 걱정하는 가족들과 친구들에게 괜찮다고, 오히려 넌 괜찮냐고 묻던 나였다. 그런데 인적 없는 밭에서 아름다운 석양을 보는데 어떻게 해볼 새도 없이 한꺼번에 감정이 몰려왔다. 당혹스러움도 잠시, 그 자리에서 시간 가는 줄 모르고 한참을 울었다. 몸이 아픈 게 서럽고, 고작 이러려고 그렇게 애썼나 억울하고, 미련했던 나 자신이 원망스러웠다.

그때 처음으로 영화 〈센과 치히로의 행방불명〉에서 하쿠가 준 주먹밥을 받고 울어버린 치히로를 이해했다. 치히로는 여행 중 낯선 도시에 들어왔다가 부모님이 돼지로 변하는 재앙을 겪는다. 부모님을 구하기 위해 마녀와 노예 계약을 맺고 정신없이 일하던 중 유일하게 친절하게 대해주는 하쿠를 만난다. 하쿠는 치히로에게 주먹밥을 건네면서 필요한 조언을 해주는데, 꿋꿋했던 치히로는 그제서야 왕왕 울기 시작한다. 주먹밥을 입에 우겨넣으며. 이전에는 단순히 치히로가 하쿠의 친절에 위로를 받았겠거니 싶었는데, 이 시기를 겪고 보니 치히로의 눈물은 그제야 상황이 실감난 사람의 뒤늦은 서러움이라는 것을 알게 되었다.

그때를 기점으로 나는 내가 망했다는 걸 겸허히 받아들이고, 앞으로 무엇이 달라져야 하는가를 생각해 보았다. 그리고 뻔한 만큼 정답인 다짐을 했다. '나에게 더 잘해주자.'

휴직 기간이 끝나고 나는 다시 일상으로 돌아왔다. 그리고 얼마 지나지 않아 이직을 했고, 나를 갉아먹던 관계도 정리했다. 계획했던 일들은 아니었는데 자연스럽게 내 것이 아니어도 되는 것들을 놓아주다 보니 그렇게 상황이 만들어졌다. 그렇다고 '해피 엔딩이었는가?' 하면 절대 아니었다. 생겼던 병은 낫지 않았고 평생 관리해야 하는 만성 질환으로 정착했다. 새로운 직장에 적응하는 것도 쉽지 않았다. 첫 직장에서 겪은 일들은 그저 소꿉장난이었구나 하고 느껴질 정도였으니 말이다. 하지만 달라진 점이 있다면 지쳐버리기 전에 멈췄다는 것이다. 그게 무엇이든지 내가 감당할 수 있는 이상의 것은 내 것이 아니라고 생각하고 과감히 내려놓을 수 있게 되었다. 그때, 나의 둘도 없는 취미인 달리기와 테니스 같은 취미들을 만났다. 친구들과 정기적으로 책을 읽으며 대화하는 시간을 갖게 된 것도 그 무렵부터다. 이제는 '내가 테니스를 몇 년째 해오고 있더라?' 떠올려야 할 만큼 익숙한 일들이 되었지만, 여전히 내가 쉽게 지치지 않도록 해주는 안전 장치임에 분명하다.

이따금 나를 작아지게 만드는 밤이 찾아오면 여전히 나는 약하고 못난 면면들이 마음에 안 들고, 과거의 내가 원했던 모습도 이루지 못한 것 같아 쉽게 잠들지 못한다. 그래도 다음 날 다시 괜찮아진다. 왜냐하면 내일은 테니스를 조금 더 잘 쳐야 하기도 하고, 가을이니까 햇밤을 사다 친한 언니들과 나눠 먹기도 해야 하고, 한겨울이 되면 삿포로에 가서 눈을 보는 것도 좋을 것 같고….

한참 이런 생각을 할 무렵, 내가 부족한 것 같아서 나를 미워하는 사람들에게 무슨 말을 해주면 좋겠느냐고 주변 사람들에게 물었다. 사랑둥이와 같은 이들은 그저 엄지를 올리면 된다고 한다. 지금 그대가 얼마나 아름다운지 알기나 하냐고 말해주란다. 남사스럽게 웬걸 싶지만, 사실 그것 말고 무엇을 해줄 수 있을까 싶기도 하다. 항상 의젓함을 잃지 않는 나의 선배는 또 이런 말을 했다. 나를 부족하다고 생각하는 사람들은 힘들고 피곤하게 살지만, 사실 그런 사람들이야말로 비옥한 토양이라고 말이다. 더 나아지고 싶어서 힘든 거니까 좀 오래 걸리더라도 결국 좋은 길을 찾을 거라고 했다. 좋은 프로그램일수록 용량이 커서 부팅이 늦는 거 아니겠냐고. 말로는 멋있는 척 너무 하는 거 아니냐며 괜히 놀려댔지만, 사실은 강원도 밭에 주저앉아 엉엉 울던 나에게 해주고 싶은 말이었다.

 실패와 마주했을 때 "아직 끝나지 않았다면 실패가 아니야."라며 조금 더 의젓한 내가 되기를 기대하기보단, "나 완전 망했네." 하고 충분히 괴로워한 뒤에야 비로소 다음으로 나아갈 수 있다는 것을 알게 됐다. 부팅 중인 나를 다그치지 말고, 필요한 만큼 아파하고 쉬어줘야 한다. 그렇게 쌓인 실패와 회복의 경험 덕분에 이제는 "아무래도 내가 귀여운 탓이지." 하고 웃어넘길 수 있는 여유가 생겼다.

> 좋아하는 스포츠, 제철 음식, 연말의 여행처럼, 지쳤을 때 꺼내 쓰는 비장의 카드가 있나요?
> _____

3. 눈을 감으면 공포 영화가 시작됐다

아픔을 알아차리는 연습

우울증과 공황 장애는 현대인의 질병이라는 말이 있다. 혹은 어른이 되면 앓는 감기 같은 거라고. 그런데 그 흔한 감기라는 수식어를 단 질병이, 어째서인지 내 주위에는 없는 것 같다. TV나 유튜브, 책에서는 공황 장애를 고백하는 사람들이 적지 않았기에 친숙한 개념 같다가도, 결국에는 미디어에서 드러냄을 업으로 삼는 이들의 눈길 확보를 위한 자극적인 소재가 아니었을까 하는 의심이 들게 되는 이유다. 아니면 기가 막히게 숨긴다거나.

남들이 드러내지 않으니 나도 숨길 수밖에 없었다. 그렇지만 올해를 되돌아보면 사실은 옅은 우울증에 빠졌던 것 같다. 우울증은 그 자체로 질병이자 증상이며, 동시에 원인이자 결과가 되기도 해서 적시에 인지하기가 쉽지 않다. 그리고 정도와 빈도의 경계 또한 불명확하기에 경미한 우울증에 빠진 사람은 그 상태를 알아차리기 어렵다. 쉬쉬하는 사회의 분위기뿐 아니라, 스스로도 '여기가 아파.'라는 명확한 증상을 느끼지 못하니, 긁혀서 작은 상처가 곪아 파상풍에 걸릴 때까지 그저 있을 뿐이다. 나 역시 처음에는 몰랐다. 그냥 커피를 많이 마시는 탓에 잠이 안 오는 거라고, 일이 많아서 피로감을 쉽게 느끼는 것이라고, 꼼꼼한 성격이라 걱정도 많은 거라고 생각했다. 그러나 나의 증상은 점점 일상에 태클을 걸어올 수준으로 존재감을 드러내기 시작했다. 자기 전 눈을 감으면 공포스러운 장면들이 걷잡을 수 없는 속도로 뇌 속을 휘저어 뜬눈으로 밤을 새우는 날이 많아졌다. 위스키 두세 잔을 마시고 나서야 쓰러져서 잤다. 여유로운 업무량에도 압도적인 피로감에 몸을 움직일 수 없었다. 내가 파괴적인 불안감에 휘말리고 있다는 것을 깨닫는 데는 오랜 시간이 걸리지 않았다. 남에게는 무심하지만, 나에게는 관심이 많은 성격 덕분에, 이 현상들이 심상치 않다는 것을 조금은 빨리 알아차릴 수 있었다.

하지만 알아차림과 해결은 별개의 것. 처음에는 주위 사람들에게 털어놓았다. "나 잠을 잘 자지 못해. 눈 감으면 무서운 장면들이 자꾸 생각나서 잠을 이룰 수 없어서, 위스키 두세 잔을 마시고 나서야 쓰러져서 자."라고 솔직하게 얘기해보기도 했다. 하지만 돌아온 말은 "어울리지 않게 뭘 무서워서 잠을 못 자.", "너 알코올 중독 아니냐." 정도였다. 텍스트로 적고 보니 약간의 조롱 같긴 한데, 이들에게 비난의 의도는 없었다는 것을 나는 확신할 수 있다. 그저 내가 내 아픔을 명확하게 표현할 방법이나 타인에게 전달하는 법을 몰랐던 것처럼, 그들 역시 이 농담조의 고민에 숨겨진 아픔을 헤아릴 만큼의 통찰은 없었을 것이다

 옅은 다크서클이 생기기 시작할 무렵, 나는 정신건강의학과를 방문했다. 병원에서는 총 네 번의 상담을 진행했고, 두 가지 종류의 약을 처방 받았다. 의사에게 "다음에 다시 증상이 나타나면, 그때 와도 될 것 같아요."라며 졸업 허가를 받은 뒤에는, 뇌과학 관련 책과 영상을 자주 찾아 보았다. 그렇게 나의 변화들을 객관적으로, 그리고 적극적으로 관찰한 결과 '올해의 나는 가벼운 우울증을 겪었구나'를 깨달을 수 있었다. 물론 나의 경우는 약한 우울 증세였기에 가능했을 자가 인식과 극복이겠지만, 이 소소한 극복기를 정리해본다. 현대인의 질병이라면서 아직 많은 이들에게는 수면 위로 올라오지 못한 이 아이러니한 아픔을 겪는 사람들에게 조금이라도 도움이 되

길 바라며.

첫째, 망설이지 말고 정신건강의학과에 가보자.

마음 상담이라는 말이 유행처럼 번진 지는 꽤 되었지만, 그래도 '정신 병원'이라는 말은 여전히 낯설고 자극적이다. 치과보다도 무섭다. 용기를 얻은 것은 정지음 작가의 『젊은 ADHD의 슬픔』이라는 책을 읽고 나서다. 성인 ADHD를 겪는 작가의 에세이인데, 정신병원을 다니며 복용한 여러 약에 대해 얘기한 부분이 인상 깊었다. 흔히 정신병원의 치료를 생각하면 의사가 따뜻한 눈으로 "그랬군요."라며 환자의 이야기를 들어주는 장면이 떠오른다. 다른 병원과 달리 정신과는 심리 상담류의 방법으로만 치료하는 것이라고 생각했는데, 호르몬을 조절하는 약으로도 가능하다는 것을 알고 나서는 '내가 지금 겪는 힘듦도 약으로 치료가 될까?'라는 궁금증이 들었다. 머리가 아프면 두통약, 소화가 안 되면 소화제, 설사가 나오면 지사제를 먹는 것처럼, 마음이 아플 때 먹는 약이 있다는 것이다. '우울감을 만드는 호르몬을 제어한다.'라는 단순한 메커니즘의 약 처방이 있다는 사실은 내게 정신과의 심리적 장벽을 크게 낮추는 계기가 됐다.

말 그대로 긴장 반 설렘 반의 마음으로 정신과를 찾아갔다. 의사에게는 나의 증상과 함께 "저는 심리 상담류는 좋아하지 않아요. 의학적으로 복용 가능한 약물이 있는지 궁금합니다."라는 주장을 확고히 전달했다. 의사는 첫 진료날에 불안감을 낮춰주는 약과 소량의 수면제를 처방해주며 일주일 뒤에 오라고 했다. 플라시보 효과였을까, 약을 먹자 1분이면 잠에 빠져버리는 기현상을 경험했다. 일주일 뒤 병원에 가서 이러한 효과를 얘기하고, 의사에 대한 신뢰가 마음을 열었는지 술술 내 얘기를 하기 시작했다. 최근 2~3년간의 이야기와 현재의 증상을 듣고 난 뒤 의사는 나의 상태를 진단해주었다.

"오랜 시간 목표를 향해 달려온 사람들은, 목표를 달성한 이후에 종종 우울감을 느끼곤 해요. 빠르게 달리다가 결승선을 통과했지만, 심장은 계속 두근거리고 발은 어딘가로 계속 뛰어야 할 것만 같은 느낌인 거죠. 당장 눈앞에 해야 할 것이 없음에도, 무언가 해야 한다는 강박에 스스로 걱정과 불안을 만들어내는 거예요. '불안하지 않은 상태'가 익숙지 않은 우리 몸은 불안한 상태를 유지하기 위해 각종 불안한 모습을 떠올리게 됩니다."

머리를 띵 맞은 듯했다. 당시에 나는 회사에서도 목표하던 성과도 내고, 원하던 부서로 이동도 했다. 코로나 대환란 속에서 결혼식도 무사히 마쳤고, 사랑하는 가족과 친구들도 모두 내 곁에 행복하게 있었다. 그러니까 그저 여유롭게 즐기기만 하면 되는 시기였던 것이다. 불안해할 이유가 전혀 없는 상황이었지만, '불안하지 않은 상태'를 내 몸이 경험해 본 적이 없어서 생긴 부작용이었다. 길게 보면 대학 입시부터 시작해 취업 준비, 사회 초년생의 회사 생활, 그리고 결혼까지… 근 10여 년을 달려오기만 했긴 했구나. 평온한 일상을 보냈음에도 침대에 누워 눈을 감으면 갑자기 생뚱맞은 자연재해, 기괴한 괴물까지 떠올리며 공포와 불안을 느껴 잠을 못 잔 그간의 시간들이 이해가 갔다. 이유를 알고 나니 한결 마음이 편해졌다. 그리고 약은 스스로 점점 줄여갔다. 다크서클이 없어지고 한층 밝아진 얼굴을 한 날, 정신과를 떠날 수 있었다.

둘째, 뇌과학 관점으로 접근하자.

병원을 매일 갈 순 없고 우울감이 뇌의 호르몬 불균형에 따른 것이라는 걸 배웠으니, 이제는 스스로 이겨내는 방법도 알고 싶었다. 다행히 요즘에는 뇌과학에 대한 여러 유튜브와 책들이 많이 나와 있어 어렵지 않게 기본적인 아픔 정도는 자가 진단하고 예방과 치유를 할 수 있다.

최근 가장 재미있게 읽은 책은 엘릭스 코브의 『우울할 땐 뇌과학』이다.(사실 재밌진 않았고, 한 장 한 장 넘기기 매우 어려웠다. 처음엔 의예과 기초 전공책인 줄 알았다) UCLA에서 뇌과학으로 박사 학위를 받고 15년간 뇌 과학을 도구 삼아 '우울증'만 연구해 온 세계적 신경과학자이자 우울증 전문가가 쓴 책답게 각종 뇌 영역과 긴 호르몬 이름이 나열된다. 의학적 내용을 100% 이해하기는 어려울 수 있으나, 가장 중요한 것은 우리가 우울증이라고 느끼는 거의 대부분의 증상의 '원인'을 호르몬에 기초한 뇌과학을 풀이한다는 것이다. 그리고 그에 맞춰 약이나 운동 같은 일상적인 행동을 통해 극복하는 방법까지 제시한다.

'나만 겪는 일, 트라우마에 의한 것, 이유를 알 수 없는 영혼의 증상….'이라는 모호한 영역에서 오는 무기력함을 정면으로 반박하는 이 책에서 정말 인상 깊었던 것은 우울증을 호르몬계의 교통 체증으로 비유한 것이다. 평소에는 문제없던 교차로에 어쩌다 신호가 한 번 잘못 걸리고, 차들이 갑자기 많이 들어오게 되면 심각한 교통 체증이 발생하고 다중 추돌 사고도 생긴다. 도로가 무너진 것도, 신호등이 고장난 것도 아닌, 그저 잠깐의 타이밍 변화가 만들어 낸 나비효과랄까. 우울증도 마찬가지다. 호르몬들은 각자의 섭리대로 움직이고 있으나, '살짝' 꼬이면 마치 교통 체증에 따른 연이은 추돌 사고처럼 비정상적인 현상을 만들어낸다는 것이다. 예를 들어 평소에는 생존에 도움을 주는 '불안'이라는 감정 호르몬이 어떤 이유로 과다 분비(혹은 불안을 막는 호르몬의 과소 분비)되면 갑작스레 불안 공포에 따른 우울감을 겪는 것이다.

결론적으로 우울증은 어떤 기관이나 기능이 고장난 것이 아닌, 그저 호르몬의 분비 조절 시스템에 약간의 체증이 생긴 것이라고 볼 수 있다. 이를 뚫어주기만 한다면 된다. 머리가 아프면 타이레놀을 먹고, 너무 많이 먹었을 때는 나가서 산책을 하는 것처럼, 정신적인 아픔 역시 스스로 진단하고 처방할 수 있는 부분이 꽤나 크고 많다. 나의 아픔을 어느 정도 통제할 수 있다고 느낄 때 오는 안정감도 한몫하리라.

셋째, 완미 족발을 먹어보자.

물론 안다는 것이 잘 한다는 것을 의미하지는 않는다. 다이어트에 실패하는 것이 방법을 몰라서가 아닌 것처럼. 병원도 가보고 책도 읽으며 똑똑한 체를 해봐도 사실 감정과 우울감을 컨트롤하기는 정말 어려운 일이다. '아 지금 편도체가 활성화되고 있으니, 세로토닌 분비를 촉진해야겠다.'라고 마음먹는다고 당장 할 수 있는 것은 아니니까.

얼마 전 남편과 크리스마스 분위기를 느끼기 위해 잠실에 다녀왔다. 그야말로 롯데의 월드답게 쇼핑몰과 놀이공원, 석촌 호수를 둘러싼 곳곳에 아름다운 장식들과 각종 마켓으로 눈을 뗄 수가 없었다. 간만에 나온 데이트인 만큼 옷과 메이크업도 한껏 신경 썼다. 하지만 사실 진짜 내 신경은 다른 곳에 가 있었다. 회사 업무 중 실수한 것이 갑자기 생각난 순간, 나한테 끼칠 182,735개의 리스크를 (변태처럼) 생각하며 걱정하고 땀을 흘렸다. 객관적으로 파악해보면 실수라고 보기도 애매한 건이었고, 설사 이슈로 불거진다 해도 충분히 대응할 수 있다는 것을 머릿속으로 알고는 있었다. 하지만 앞서 말한 듯 편도체 각성의 불안한 상태가 디폴트인 나는 그 불안 속으로 다이빙해 헤엄치느라 눈앞에 있는 반짝이는 크리스마스 트리를 보며 웃지 못했다.

땀까지 흘리며 표정이 어두워진 나를 남편은 선물을 사주겠다며 백화점으로 데려갔다. 평소 사고 싶던 케이스티파이의 팝업스토어가 열려 웨이팅까지 하며 들어갔지만 역시나 내 머릿속은 딴 생각으로 가득했다. 동시에 '나는 이 순간에도 걱정만을 하는구나.'라고 자책하며 하강 나선을 타고 침잠해갔다. 그렇게 2~30분쯤 구경을 했을 때, 갑자기 배가 엄청나게 고팠다. 생각해보니 오늘 아무것도 먹지 않았다. 보고 있던 것을 내려놓고, 지도를 켜 맛집을 찾았다. 한번 자각된 배고픔은 빠른 속도로 나를 자극했고, 목적지를 향해서는 20분을 걸어야 했다. 오케이, 가보자고. 빠른 걸음으로 식당에 15분 만에 도착하고 곧이어 음식이 나왔다. 족발에 막걸리를 한 모금 하니 그 행복감이 말로 표현할 수 없을 정도로 짜릿했다. 정신없이 먹은 뒤 튀어나온 뱃살을 만지는 순간 갑자기 웃음이 터져나왔다. 족발을 먹는 이 1시간 동안 아무 걱정도 들지 않았다. 지극히 단순하고 일차원적인 이 행동이 엄청난 진통제이자 수렁 속에서 나를 꺼내줄 구원자였음을 깨달으니 다소 허탈하기도 했다. **마치 세상이 무너진 것 같은 불안 속으로 헤엄쳐 들어갔던 이유는, 결국 또 평온한 순간이 낯설어서 발동된 자기 방어기제였던 것이다.** 그리고 이유의 단순함만큼이나 해결책도 심플했다.

그 이후로 나는 '앞으로 우울감이 들 땐 깊게 생각하지 않고 일단 완미 족발을 먹어야지.'라는 나만의 행동 지침을 세웠다. 너무나 강력한 경험이었기에 최근 친한 동기와 술을 마시며 "나 요즘 깨달은 게 있어."라며 완미 족발 얘기를 털어 놓았다. 내게는 엄청난 비밀 같은 것이었는데, 역시나 반응은 "아니 그래서, 족발을 먹으면 행복하다는 게 결론이야?"였다. 뭐 틀린 말은 아니다. 이번에도 그녀는 공감하지 못한 것처럼 보였지만, 역시나 내가 설명을 잘 못 한 탓이겠거니 한다. 그리고 그녀의 삶에도 완미 족발이 있기를 바랐다.

최근 넷플릭스에 나온 〈정신병동에도 아침이 와요〉라는 드라마에서 공황 장애를 겪고 있는 지인에게 의사가 하는 말이 있다. "이긴다고 이겨지는 병도 아니고, 버틴다고 버텨지는 병도 아니다." 아픔을 느낄 때 가만히 있는다고 해결되지 않는다는 것이다. 숨겨서도, 버텨서도 안 된다. 인간의 성격이 그러하듯 우울증 역시 그 스펙트럼은 우리가 생각하는 것보다 훨씬 더 넓다는 것을, 말마따나 '현대인의 질병'이기에 우리 모두에게 올 수 있다는 조금은 열린 마음으로 대해보면 어떨까. 쓰고 나니 무슨 정신과 전문의의 칼럼 같은 느낌 같아 민망하지만, 하고 싶은 말은 간단하다.

우울증은 누구에게나 올 수 있다. 그러니 숨기지 말고, 이를 받아들이고 스스로를 달래기 위한 행동을 해보자. 감기에 걸렸을 때 따뜻하고 달콤한 유자차 한 잔이나 타이레놀에 손이 가듯, 우울감이 찾아오면 너무 놀라지 말고 이 글을 한 번 들여다보길. 배달 앱을 켜서 완미 족발을 시켜도 좋고.

> 당신은 자신의 마음 상태를 얼마나 잘 파악하고 있나요?
> 우울감을 극복하는 나만의 방법이 있나요?
> _____

4. 아틀란티스
외롭고도 고아하게 늙어갈 수 있을까

나는 사랑을 잘못한다.(여기서 '사랑'은 성애적 사랑을 의미한다) 수많은 연애와 파국, 심리 상담 그리고 안정적인 솔로 생활 끝에 내린 자조적인 결론이다. 때문에, 정말 단순하게 말하면, '못하는 걸 애써 해야 하나.'라는 생각이 드는 요즘이다. 물론 이 불안한 사회를 지탱하는 가족 중심적 사고방식에 반기를 드는 것은 아니다. 친구들의 결혼식, 아끼는 동생의 약혼, 친한 지인들의 출산을 지켜보며 진심으로 감동하고 그들의 행복을 빈다. 그러나 좋은 사람을 만나, 서로를 존중하면서도 조율하고, 현실적으로 미래를 계획하고, 같은 목표를 위해 희생하는 그 숭고한 과정의 단 한 단계도 내게는 수월하지가 않다. 누구에게라도 쉽겠느냐만은.

그렇다고 쉬이 사랑을 포기하기엔 또 마음이 썩 편하지는 않아 단발성의 노력을 들이기는 한다. 사람이 많은 자리에 나가고, 까다롭지 않게 소개팅을 받고, 누군가 데이트 신청을 하면 공들여 꾸미고 나간다. 멋진 사람, 별로인 사람, 다감한 사람, 텅 빈 사람 등 다양하게 마주하면서 애써 입꼬리를 당기면서 초조해진다. 이렇게 상대가 많고 대화가 통하는 사람도 꽤 되는데 왜 안 될까. 좋은 사람인 것 같아 연애를 시작해도 도통 깊이 사랑에 빠지지 않고 결국 또 어려운 이별을 한다. 가장 큰 문제랄까, 관성의 아교는 홀로인 상태가 나쁘지 않다는 것이다. 나의 삶은 충만하고 바쁘다. 균열 투성이의 일상이지만 온전히 내 것이고, 사회에 기여할 방법을 탐구하는 시간도 의미 깊다. 흘러가는 나의 생에 대한 책임감도, 일상을 풍성히 즐길 감각도 있다.

그저 혼자다. 나는 한 마리 심해어가 되어 빛이 가득한 곳에서 헤엄하는 다른 물고기들을 구경하는 심경으로 사랑하는 사람들을 지켜본다. 부럽다기보다는 이질감이 든다. 누군가를 사랑하기란 본래 저렇게 쉬운 것일까?

사실 그럴 테다. 그러도록 이루어져 있을 것이다. 인간은 계급장 다 떼고 보면 똑같은 생물이다. 생물의 본능은 번식이고, 번식은 야생에서는 성욕, 인간 사회에서는 보다 고도화된 사랑에 기반하여 이루어진다. 생명체의 DNA에 내재된 사랑을 포기하는 것은 나를 과연 어떤 존재로 만들까. 물론 인류는 '번식하는 생명체' 그 이상의 존엄과 층위를 이룩해냈으니 이렇게 단순화하여 말하기엔 어려운 주제겠지만, 본질과 쓸모를 따지자면 생각은 이렇게 척박하게 흘러가고 만다. 쉽게 풀리지 않는 문제 앞에서는 괜히 원관념 따위를 운운하게 되는 것 같다. **사랑을 포기한다면 약 삼십 년 뒤의 나는 혼자일 테고, 한 생명으로서의 존재 의미와 역할에 대한 무수한 질문을 안고 살고 있을 테다.** 물론 인간이라면 누구나 필연적인 외로움을 느끼겠으나, 바로 옆에서 목격해줄 사람 없이, 살아야만 할 이유를 줄 사람도 없이 홀로인 나는 괜찮을까. 그 아득하게 깊어질 동굴의 입구를 어렴풋이 느낀 건 얼마 전 도쿄에서였다.

일본 출장이 잡힌 김에 엄마와 여동생을 데리고 근무 일정보다 조금 먼저 도쿄로 함께 갔다. 2년 동안 롯본기에서 근무했던 내가 가이드이자 통역가인 건 당연지사였다. 평소 체력이 그다지 좋지 못한 우리 모녀였으나 발군하여 매일 만오천 보를 찍으며 맛난 것을 먹고 예쁜 풍경을 사진에 담고 쇼핑을 했다. 그래도 이튿날 오후 네 시쯤이 되자 아니나 다를까 엄마가 급격히 지쳐 호텔로 돌아가고 싶어하셨다. 그러나 나는 꼭 엄마에게 도쿄역 근처의 노을 지는 풍경을 보여주고 싶었다.

수년 전 도쿄에 근무하던 때, 마음이 이상하게 허한 날이면 오후 대여섯 시쯤 긴자 역에서 내려 마루노우치 역까지 삼십 분을 걸었다. 일본이 최대 부를 누리던 시기에 지은 거대한 석조 건물들과 잘 다듬어진 가로수 군집 사이로 시시각각 바뀌는 하늘색을 구경하며 산책하면 이상하게 마음이 편안해졌다. 자주 가다 보니 사람 발길이 닿지 않는 골목들도 발견했다. 빈틈없이 꾸며진 도시의 한 구석에 건물과 자동차는 그대로 두고 사람만 제거한 듯한 기묘한 풍경은 내 발걸음을 오래 잡아두곤 했다. 누군가의 표현을 빌리자면 '도쿄가 소리없이 아름답게 멸망'하는 것 같은 그 모습을 엄마도 꼭 봤으면 해서 고집을 부렸다. '택시로 이동하자. 슬쩍 내려서 후다닥 보고 호텔로 가면 되지! 가자 가자.' 망설이던 엄마는 자매의 빛나는 눈동자에 백기를 들었고 우리는 쇼핑백을 바리바리 들고 택시에 타 도쿄역 쪽으로 향했다.

"도쿄역 주변의 노을이 보고 싶어서요."

우리가 있던 긴자가 아니라 굳이 도쿄 역까지 가서 노을을 보려 한다는 말에 흥미가 생겼는지 택시 기사님께서 어떤 코스로 걸으면 좋을지를 설명해주시기 시작했다. 나이가 지긋하게 드신 점잖은 어르신이었다. 선한 눈동자와 깔끔한 옷차림 그리고 약간의 쇳소리가 나는 목소리의 기사님과 도란도란 얘기를 나누자니 조금씩 누군가 떠올랐다. 그때 왼쪽에 앉아 계시던 엄마의 용태가 어수선하여 고개를 돌려보니, 엄마가 어느새 빨갛게 눈을 물들이며 울음을 참고 계셨다. 놀라 "엄마."라고 내뱉으면서도 사실 이유는 알고 있었다.

"아니, 할아버지랑 너무 닮으셔서."

외할아버지가 돌아가신 지 3년이 다 되어가지만 엄마는 가끔 운전을 하다가도, 집에서 밥을 먹다가도 할아버지 생각에 우신다. 이후에 돌아가신 외할머니보다도 외할아버지를 더 자주 떠올리시는데, 너무 못해드린 것 같아서란다. 그녀가 어떻게 부모님을 부산에서 모셔와 서울에 집을 장만해드렸는지, 마지막에 얼마나 지극히 병간호를 했는지를 나는 옆에서 봐왔다. 엄마의 후회가 어불성설 같지만 당신 스스로만 아는 자식으로서의 한이 있을 테다. 훌쩍이는 엄마를 아시는지 모르시는지, 기사님의 이야기 주제는 한국 드라마로 넘어갔다. 한국의 사극을 좋아하셔서 〈대장금〉과 〈주몽〉 등을 봤고, 가장 좋아하는 드라마는 〈마의〉라며 수줍게 웃으셨다. 엄마는 익숙한 발음을 들으면 '아 그거' 하며 맞장구를 쳤다.

다와갈 때쯤 빨간 불에 걸려 멈춰섰을 때, 기사님이 갑자기 조수석에 두었던 가방에서 무언가를 주섬주섬 꺼내더니 뒷쪽으로 넘겨주셨다. 섬세한 일본 종이로 곱게 접힌 종이학이 세 마리씩 작은 비닐에 개별 포장되어 있었다. 직접 접었다며, 이것이 일본의 오모테나시(환대)라는 기사님의 말씀에 그저 '감사합니다'를 반복할 수밖에 없었다.

택시 기사님께 무언가를 받은 적은 도쿄를 왔다 갔다 했던 지난 5~6년 동안 한 번도 없었던지라 적잖이 놀랐고, 기사님을 보며 그리운 사람을 떠올리던 엄마가 신중하게 마음에 드는 문양의 종이학을 고르는 모습에 이루 말할 수 없이 감사했다. 도쿄역 근처에 도착하자 하늘이 알맞게 분홍빛이었다. 현금도 돌려드릴 것도 없어 고작 가지고 있던 민트 사탕 따위를 초라하게 건네드리고 하차하는데, 엄마가 재차 허리를 숙여 인사했다. "아리가또 고자이마스." 그 서툰 반복이 슬퍼서 자칫 노을은 잊고 그 자리에 서서 엄마를 안고 울 뻔했다. 동생의 눈도 충혈되어 있었다. 하지만 지친 그녀의 먼걸음을 헛되게 할 수는 없어 재빨리 씩씩하게 팔짱을 끼고 재잘거렸다. 가로등 좀 봐, 저기 호텔 비싸 보이지, 여기서 뒤돌면 또 예쁘다? 시원한 바람을 쐰 엄마는 곧 체력을 회복해 눈을 빛내며 노을 지는 도쿄 역사를 구경했고, 오길 너무 잘했다고 했다. 그녀의 뒷모습을 많이 찍었다.

나이와 병치레로 자신이 많이 약해졌다고 느낀 이후 엄마는 두 가지에 혈안이 됐다. 하나는 책 쓰기. 다른 하나는 장녀(나) 결혼시키기. 전자는 그녀가 교수로 일해온 사십 년에 가까운 세월을 집대성하고 정리하는 행위라고 이해했다면, 후자는 생뚱맞은 전근대적 압박 같았다. 벌써 이 문제로 다투어온 지 몇 년 째라, 대체 당신의 과년한 딸이 끝내 결혼하지 않을 수도 있다는 사실을 언제 받아들이실 것인지 지긋지긋하기까지 했다.

그런데 도쿄역을 향해 걸어가는 그녀의 여전히 살짝이 굽은 등을 보니 덜컥 겁이 났다. 시간의 흐름이라는 불가역의 힘에 따라 저 사람이 사라지고 나면, 이 세상에 나를 묶어두는 것은 없겠구나. 황혼을 걸어가는 노년의 마음을 헤아릴 겨를도 없이 순전히 나의 외로움을 예견하는 이기적인 두려움이 들자마자 그녀의 집착을 이해했다. 엄마는 내가 희망에 차 세상을 기꺼이 살아가는 종류의 사람이 아님을 잘 알고 계셨고 자주 그 사실에 아파하셨다. 그래서 엄마와 아빠가 돌아가시게 되면 울타리와 삶의 목적 없이 덩그러니 남겨질 내가 걱정됐던 것이다. 그들이 그리워 불쑥 택시 안에서 눈물이 나도, 팔짱을 끼고서 노을진 풍경을 보여줄 누구인가 없이 홀로되는 것이. 연애와 결혼으로 대변되는 사랑의 파동에 대한 사사로운 고민은 제쳐두고, 엄마는 그저 인간이라면 본질적으로 동반자를 필요로 하고 그것이 삶을 지키는 방법이라고 생각하신다. 남편이 생기지 않더라도 자매가 있으니 괜찮지 않겠냐는 반박에도 단호했다. 피보다 진한 것이 섞여 서로를 책임질 수밖에 없는 관계임을 그녀는 절대적으로 신뢰했다.

그토록 믿는 것을 손에 쥐지 않은 딸을 보는 그녀의 마음은 얼마나 소란할까. 자꾸 무거워지는 심정을 들키지 않으려 눈앞의 풍경에 정신을 쏟으며 이전에 산책할 때 가곤 했던 인적이 드문 골목으로 엄마와 동생을 안내했다.

"내가 가장 좋아하는 곳이야."

우리는 가만히 서서 조용한 골목에 가로등이 점점이 켜지는 것을 구경했다. 엄마와 동생이 말없이 감동하는 것이 느껴졌다. 압도적인 크기의 철문 아래로 고양이 가족이 모여들고 때때로 먼 곳에서 경적 소리가 아득하게 들려왔다. 전설 속 도시 아틀란티스 같다는 동생의 감상에 과연 그렇다고 생각했다. 본래는 많은 사람을 수용하도록 설계된 공간의 텅 빈 모습이 마치 오래전에 바다로 가라앉으며 몰락한 문명 국가의 잔해를 보는 듯했다. 나는 궁금해졌다. 사람이 살지 않아 제 기능을 잃은 도시같이 텅 비어도 이토록 아름다운 마루노우치의 저녁 풍경처럼, 사랑하지 않는 인간도 아름다울 수 있을까. 이 찬란한 외로움이 폐허가 되지 않도록, 노을이 질 때마다 나는 어떤 마음으로 가로등을 켜야 할까.

혼자 늙어가는 삶에 대해 생각해 본 적이 있나요?

5. 미움, 성가시고 고된

미숙했던 관계들을 먹고 자랐다

의지

(意志) 어떠한 일을 이루고자 하는 마음, 선택이나 행위의
　　　결정에 대한 내적이고 개인적인 역량.
(依支) 다른 것에 몸 또는 마음을 기대어 도움을 받음.

J를 처음 만난 건 2006년 가을 인천공항에서였다. 부모님은 우리가 같은 중학교에 입학할 사이라고 하셨다. 그녀가 대치동에서 치열하기로 유명한 중학교에서 전교 1등을 한 아이란 사실도 슬쩍 덧붙이셨다. 그녀는 어리숙한 표정으로 나를 향해 환하게 웃었지만, 나는 빨간 뿔테 안경 뒤 반짝이는 그녀의 눈빛을 놓치지 않았다. 그렇게 우리는 뉴욕행 비행기에 나란히 탑승했다. 옆자리에서 곁눈질 하니, 그녀의 헐렁한 티셔

츠 안으로 젖꼭지가 보였다. 노브라나 여성 운동 같은 것에 무지했던 열네 살의 나는 남들과 조금 다른 그녀가 불편했다. 익숙하지 않다는 사실 하나로도 누군가를 미워할 수 있던 시절, 젖꼭지 하나로 그녀를 미워하기 시작했다.

 학교는 뉴욕에서 차로 두 시간가량 떨어진 시골에 있었다. 구불구불한 비포장도로와 소똥 냄새로 진동하는 목장들을 지나 기숙사에 도착해보니, 방문에 내 이름과 J의 이름이 나란히 붙어 있었다. 일 년 동안 한방을 쓸 룸메이트라고 했다. 뒤늦은 멀미가 났다.

 거칠고 별난 서른 명의 중학생 여자아이들을 한데 몰아넣은 기숙사 생활은 전쟁터 같았다. 작은 마찰도 사춘기와 호르몬에 힘입어 찬란하게 폭발했다. 제각각 다른 시간에 울리는 알람 때문에 베개와 고성이 함께 날아다녔다. 사람 수에 비해 턱없이 모자라는 샤워 부스 때문에 아침마다 치열한 육상 경기가 펼쳐졌다. 옷이 하나라도 사라지는 날에는 바로 실눈을 뜨고 서로를 의심했다. 대부분의 옷은 옷장이나 침대 저 아래에서 몇 달 뒤에 발견되곤 했다. 우리는 사소한 일에도 목숨이 걸린 것처럼 필사적으로 굴었다.

기숙사 생활이 내 고유한 영토를 침범당하지 않기 위한 수비형 전쟁이었다면, 학교 생활은 존재감을 드러내고 탁월함을 각인시켜야 하는 공격형 전쟁이었다. 가늘고 길게 버티는 전략은 통하지 않았고, 선제공격을 하지 않으면 뒤처지기 십상이었다. 한국에서는 공부깨나 한다고 인정받던 나였지만, 부족한 영어와 더 부족한 자신감은 자꾸만 나를 움츠러들게 했다. 사교육의 한계는 분명했고, 나는 나의 평범함에 매번 낙담할 수밖에 없었다.

그 와중에 J가 비범한 친구라는 사실은 금방 드러났다. 큰 노력 없이 쉽게 1등을 꿰찼고, 기발하고 날카로운 의견으로 선생님들을 감탄하게 했다. 생물 수업에서 배운 내용을 만화로 그려오라는 숙제를 받으면, 우리 모두 크레파스로 열심히 나무를 색칠할 때, 그녀는 잡지를 조각내 모자이크로 다양한 색의 나뭇잎을 표현하는 사람이었다. 중학생의 경쟁에서는 영특함이 성실함을 매번 이겼고, 그녀는 매번 나를 이겼다. 열등감에 매일 속이 쓰렸다.

지는 것이 익숙하지 않았던 나는 초인적인 의지를 발휘하기 시작했다. 매일 알람을 새벽 6시로 맞췄다. 혹여나 바로 옆 침대에서 자는 그녀가 깰까 알람은 세 음절 이상 울리게 두지 않았다. 그렇게 벌떡 일어나 세수도 하지 않고 침대맡의 작은 스탠드를 켰다. 전날 풀던 수학 문제를 검토했고, 새로 배울 역사 단원을 훑었다. 쏟아내고 싶은 마음이 있어서가 아니라 영어로 작문 연습을 하기 위해 일기를 썼다. 읽을거리가 떨어진 날은 영어로 된 성경까지 읽었다. 울림이 있는 교리 대신 모르는 단어에 밑줄을 그었다. 긴장으로 똘똘 뭉친 채, J가 깨기 전에 주어진 두 시간을 꼭꼭 씹어서 쓰는 것에만 집중했다. 피로를 느낄 여유조차 스스로에게 허락하지 않았다. 독기를 구슬처럼 품고 살던 시절이었다.

하지만 승자는 원래 패자의 사사로운 발버둥에 연연하지 않는 법이다. 내 애타는 마음을 아는지 모르는지, 그녀는 나를 전혀 라이벌로 여기지 않는 듯했다. 내가 수업을 빠진 날에는 순순히 필기노트를 보여주었고, 모르는 문제가 있으면 내게 거리낌 없이 물어봤다. 그런 그녀의 여유가 나를 더욱 초라하게 했다. 그리고 초라함은 한순간에 미움으로 깊어졌다. 자신을 향한 복잡한 마음을 남을 향한 단순한 마음으로 소화시키는 건 십 대 소녀의 특권이기도 했다.

나는 그녀를 전보다 더 필사적으로 미워하기 시작했다. 작정하니 미워할 점을 찾는 것은 쉬웠다. 그녀의 촌스러운 빨간 뿔테 안경, 생라면을 부숴 먹고 난 뒤 손가락에 묻어 있는 라면 스프, 샤워 후 머리를 말리지 않아 물이 뚝뚝 떨어지는 앞머리, 앙증맞고 가느다란 글씨체, 달리기로 단련되어 도드라진 종아리 근육, 매일 밤 끼고 자던 투명 교정기 같은 것들이 참을 수 없이 거슬렸다. 그녀를 향한 적의는 하루가 다르게 노오랗게 곪아갔다. 톡 하고 찌르면 주체할 수 없이 터져버릴 것 같은 마음을 안고 매일 밤 잠에 들었다. **그때는 누군가를 미워하는 것이 얼마나 성가시고 고된 일인지 알지 못했다.**

새 학교에 입학한 지 두 달쯤 됐을 때 부모님이 학교를 방문하셨다. 오랜만에 보는 딸을 위해 서울에서부터 한국 음식을 바리바리 싸 들고. 쌀쌀한 가을이었지만 냄새가 날까 봐 야외 피크닉 테이블에서 밥을 먹기로 했다. 음식도, 부모님도, 그리웠던 만큼 서먹하게 느껴져 더욱 과장해서 떠들며 LA갈비와 떡볶이와 김치볶음밥을 허겁지겁 욱여넣었다. 부모님이 떠나실 때가 되자, 속이 묵직하게 얹힌 듯 답답했다. 그들을 돌려보내고 잠자리에 누우니 속에 있는 뜨거운 것이 자꾸만 울컥

하고 올라오는 것만 같아서 쉽게 잠에 들 수 없었다.

그리곤 깨달았다. 아까부터 답답했던 속은 아쉬움이 아니라 진짜 체기라는 걸. 그리고 자꾸만 울컥하고 올라오는 뜨거운 것은 그리움이 아니라 신나게 먹었던 김치볶음밥이란 걸. 깨달음은 딱 한 발짝 늦을 때가 있어서 화장실로 달려가려고 방을 나서는 순간, 나는 이미 복도에 어마어마하게 토를 하고 있었다. 애석하게도 기숙사의 복도는 마룻바닥이 아닌 카펫으로 되어 있었다. 빠른 속도로 시뻘겋게 물들고 있는 카펫을 보니 체기가 한 번에 내려가는 것 같았다.

그렇게 한밤중의 어두운 복도에서 무릎을 꿇고 좀 전까지는 뱃속에 있던 따끈한 토사물을 맨손으로 주섬주섬 줍기 시작했다. 어떻게든 이 상황을 수습해야 한다는 위기감에 도구를 쓸 생각이나 도움을 청할 생각은 하지 못했다. 그때 부스럭거리는 소리에 깼는지, J가 느릿느릿 복도로 나왔다. 빨갛게 충혈된 눈으로 맨 손으로 토사물을 줍고 있는 좀비 같은 내 모습을 보고도 크게 동요하지 않는 것 같았다. 그녀는 나를 말없이 일으킨 뒤 화장실로 데리고 가 샤워 물을 틀어주었다. 따뜻한 물로 씻고 나오니 그녀는 무릎을 꿇고 맨손으로 내 흔적을 치우고 있었다. 좀 전의 나와 같은 자세였다.

순간 고마움과 수치스러움과 서러움 사이에서 마음은 갈피를 잡지 못했다. 그녀에게 안겨서 엉엉 울고 싶은 마음과 그녀에게 돌이킬 수 없는 상처를 주고 싶은 마음이 충돌했다. 절대로 약한 모습을 보이고 싶지 않았던 사람에게 온전히 의지할 수밖에 없던 그 순간은, 내 안에 시퍼렇게 솟아 있던 독기에 슬쩍 금이 가던 순간이었다. 우리는 별말 없이 한참을 구부정한 자세로 바닥을 치웠다. 따뜻한 침묵으로 꽉 찬 가을 밤, 오랜만에 외롭지 않았다. 지나고 보니 무엇에 간절한지도 모른 채 마냥 간절하던 시절이었다. J를 필사적으로 미워하는 것 역시 그 간절함의 일환이었다. 그녀를 향한 적의는 나를 더 부지런하고 억척스럽게 만들었고, 나는 그렇게 가꿔진 의지로 타지에서의 외로운 시간들을 버틸 수 있었다. 아니 버티려고 했다.

그러고 보니 버티는 것은 내 장점 중 하나였다. 어릴 때부터였나. 민첩하지 않고 겁도 많았던 나는 놀이터에서 두각을 나타내기 어려운 유형이었다. 하지만 유일하게 내세울 것이 끈기였던 나는 철봉 매달리기에 능했다. 버티는 시간 하나로 승자와 패자가 나눠지는 철봉만큼 쉽게 돋보일 수 있는 기구는 없었다. 매달려 있던 친구들이 하나둘 철봉에서 떨어질 때, 나는 팔을 바들바들 떨며 이를 악물고 버텼다.

 그것은 남들과의 경쟁보다는 혼자만의 싸움에 가까웠다. 친구들은 내 끈기에 감탄했지만, 사실 나는 철봉에서 손을 놓는 것이 어려웠을 뿐이었다. 맹목적으로 매달려 있던 곳에서부터 맥없이 떨어지는 것이, 버티는 힘으로부터 자유로워지는 것이, 나를 꽉 조여오는 자존심과 오기에서 벗어나는 것이 어려웠다. 그리고 두려웠다. 매달려 있던 손을 놓았을 때 마주해야 하는 허무가, 가속을 멈췄을 때 비로소 느껴지는 피로가, 끈기 없이는 아무것도 될 수 없을 것만 같은 불안이. 내게 힘이란 결과보다 과정에서 나오는 것이어서 그랬을까. 과정이 계속되는 한 나는 나에게 지지 않았다.

 김치볶음밥 소동을 겪은 뒤, 'J와 나는 둘도 없는 단짝이 되었다.'라고 쓰고 싶지만, 열네 살의 나는 그렇게 성숙하지 못했고 인생은 그렇게 매끄럽지 않다. 나는 그 뒤로도 계속 악착같이 공부했고, 결국 1등 자리를 차지했다. 나 혼자 시작한 그녀와의 싸움에서 이길 때까지 계속 그녀를 미워했고, 그 시간 동안 나 자신을 더 미워했다.

하지만 그날 이후, 겉으로는 드러나지 않았지만 내 안에는 아주 작은 변화가 일었다. 슬쩍 금이 간 내 안의 독기에 조금씩 바람이 들기 시작한 것이다. 가끔 바람이 드는 날이면, 어깨에 힘을 빼고 주변을 둘러볼 여유가 생겼다. 그러다 보니 스스로 세워놓은 기준과 다져놓은 의지에 금이 가는 순간들이 계속 생겨났다. 이루고자 하는 의지가 기대고자 하는 의지에 밀려나는 날들이 많아졌다.

그렇게 나는 조금씩 물러졌고 게을러졌다. 그리고 딱 그만큼 솔직해졌고 너그러워졌다. 정돈된 작문 연습을 하기 위해서가 아니라 엉망으로 속을 쏟아내기 위해 일기를 쓰기 시작했다. 부러움과 초라함 같은 마음들에 언어를 입힐 줄 알게 됐다. 그리고 몸이 아플 때면 혼자 참지 않고 엄마에게 전화해 투정을 부리기도 했다. 그렇게 천천히 편안해지면서 필요 이상의 독기와 혼란으로 가득 찬 시절이 막을 내렸다. 그제야 나라는 옹기는 바람이 들수록 부서지는 대신 강해진다는 걸 깨달았다.

나를 오래 안 사람들은 말한다. 내가 중학생 때 가장 성실하고 성숙하고 날 서 있었고, 그 뒤로는 꾸준히 퇴화 중이라고. 맞는 말이다. 6시 기상은 상상할 수도 없고, 손이 아주 살짝 배기기도 전에 엄살을 떨며 철봉에서 떨어진다. 그러나 이런 류의 퇴화라면, 내 평범함을 어여쁘게 여기고 부족함을 진득하게 응시할 수 있는 여유라면, 기꺼이 반기겠다. 나는 앞으로 더 열렬하게, 찬연하게 편안해질 테다.

독기와 끈기로 똘똘 뭉쳐 있었던 어린 나에게는 어려웠던, 동시에 가장 필요했던 것은, 버티는 힘으로부터 자유로워질 수 있는 용기가 아니었을까. 두 가지 의미의 '의지'를 모두 실천할 수 있었을 때야 나는 비로소 자랄 수 있었다.

> 필사적이었던 순간이 있나요? 무엇을 위해 필사적이었나요?

6. 코끼리는 잊지 않는다고 한다

무정한 망각이 주는 위안

코끼리는 잊지 않는다고 한다. 수십 년 전 자기를 돌봐주었던 사람을 만나 반가워하기도 하고 죽은 가족이나 동료의 뼈를 알아보며 어루만지기도 한다. 기억에 관여하는 측두엽의 주름이 사람보다도 많은 코끼리의 이 기억력은 생존에 아주 중요하다. 멀리 떨어져 있는 물가의 위치나 위협의 신호 등을 잘 기억하고 있어야 코끼리 무리를 위험에 빠뜨리지 않기 때문이다. 영국 서섹스대의 연구에서 과거 가뭄으로부터 살아남은 기억이 있는 늙은 코끼리가 35년 전 물과 먹이가 있는 장소를 기억해 내서 무리의 생존율을 높였다는 사실을 밝혀냈다. 유명한 노트 프로그램인 '에버노트'의 로고가 코끼리일 만큼 코끼리는 기억력의 아이콘으로 인정받는다.

하지만 만약 코끼리로 서울에서 살아야 한다면 그건 여간 힘든 일이 아닐 것이다. 모든 것을 기억한 채 이 도시에서 살아야 한다? 아무래도 제정신으로 버티기는 힘들 것 같다. **어느새부턴가 나에게 망각은 오히려 생존 전략이 되어버렸다.**

   어렸을 때는 모든 것을 기억하고 싶었다. 달콤한 아이스크림의 맛도, 내일 보는 시험 범위의 모든 내용도 조금도 빠뜨리지 않고 꽁꽁. 지금의 나는 종종 〈맨 인 블랙〉에 나오는 기억 제거기 '뉴럴라이저'가 실존하면 좋겠다는 생각을 하고, 〈이터널 선샤인〉의 기억을 지워주는 회사에 의뢰하고 싶다는 망상을 한다. 아마 오랜 서울살이 때문에 여기저기에 짙게 남아있는 기억들이 많고 그 기억들이 항상 좋지만은 않기 때문일 것이다.

   예를 들어 한양대 병원 앞을 지나갈 때면 2021년의 가을이 느껴진다. 할머니가 많이 아프셨던 그 해에 우리 가족은 수차례 한양대 병원 응급실에 달려갔다. 의사 선생님은 매번 마음의 준비를 하라는 무서운 말을 하셨다. 그때마다 난 할머니의 손을 붙잡으며 조금만 더 같이 있어 달라고 울었다. 할머니는 내 손만 쥔 채로 아무 말씀도 하지 않으셨지만 울고 있는 딸과 손녀가 마음에 걸리셨던 건지 정말로 의료진의 예상보다 오래 버텨주셨다. 그리고 내가 마음을 조금 놓고 있던 어느 날 저녁, 회식을 하고 있던 나는 엄마에게 전화를 받고 한양대 병원으로 갔다. 이번엔 응급실이 아닌 장례식장이었다. 우리집에서 성수동으로 가는 길, 왕십리역 바로 옆 그 장소를 엄마와 나는 일 년 정도 피했다. 부득이 지나가야 할 때는 서로 아무 말도 하지 않았다. 그곳을 지나가면 제발 무사하시길 바랐던 수많은 철렁거림이 떠올라 심장이 두근거렸고, 할머니가 떠난 저녁 택시 안에서 오열하던 내가 떠올라 눈시울이 붉어졌다. 엄마는 나보다 더 힘들었겠지.

시간이 흘러 그때의 슬픔이 조금씩 옅어져 가도 그 장소에 깃든 기억은 여전히 아프다. 3년 정도가 흐른 지금 우리는 이제 자연스럽게 대화하며 왕십리를 지나갈 수 있게 되었지만 둘 다 속으로는 할머니 생각을 하고 있다는 걸 안다. 할머니는 잊어버리기 싫은데, 할머니를 잃은 기억은 잊어버리고 싶다.

그 동네에 조금이나마 무뎌질 수 있었던 건 어쩌면 당시 만났던 남자친구가 왕십리와 가까운 신당동에 살고 있던 탓도 있을 것이다. 그의 집은 한양대 병원 조금 못 미친 곳이었고 어쩔 수 없이 길이 겹쳤다. 아픈 할머니를 찾아갔던 길이 좋아하는 사람을 만나러 가는 길과 같았던 덕분에 너무 슬프지도, 또 너무 좋지도 않았다.

   그러고 보면 가장 긴 연애를 했던 그와의 추억 역시 서울 곳곳에 묻어 있다. 서울 안에서 그와 같이 가보지 않은 곳은 드물었고 헤어진 후 누구와 어딜 가도 그의 생각이 났다. 일부러 새로운 남자를 데리고 그와 자주 가던 동네 와인 바에 가보기도 했다. 그리고 언젠가 꼭 같이 가기로 약속했던 파인다이닝 레스토랑에도 방문했다. 그를 잊기 위한 시간적, 체력적, 물질적 소비였는데 애석하게도 효과는 없었다. 그때 우리는 어땠는데, 만약 이때 너였다면 이랬을 텐데. 이미 지나간 과거와 일어나지 않을 미래만 눈앞에 아른거렸다.

   하지만 아무리 대단한 사랑이라 해도 어쩔 수 없나 보다. 인간은 코끼리와 달리 망각의 동물이다. 역시 시간이 약인지 서서히 원망과 후회가 힘을 잃어갔다. 아직 가끔 재회를 하는 꿈을 꾸긴 해도 이젠 그와 다녔던 곳들을 큰 감정적 동요 없이 다닐 수 있고, 소개팅에서도 "아, 저도 거기 예전에 알던 친구랑 가봤어요. 꽤 괜찮던데요."라는 말을 능청스럽게 꺼낼 수 있게 됐다.

내가 만약 코끼리처럼 잊어버리지 못하는 사람이었다면 30여 년간 서울 안에서 누적된 이 감정들이 너무 벅차 정신병동에서 인생의 막을 내렸을 것이다. 아마 앞으로도 수십 년을 이 도시에서 살아남아야 할 나에게 망각은 꼭 필요한 뇌의 기능이 되어버렸다.

사실 나는 예전부터 기억력이 좋은 편이었다. 어렸을 적 친구들의 수치스러운 순간들이나 한번 지나간 길 등을 잘 잊어버리지 않았고 누가 언제 무슨 옷을 입고 있었는지 같은 세세한(조금은 불필요한) 디테일도 잘 기억하는 코끼리 같은 사람이었다. 그래서 기억을 잘 지워버리는 데까지 조금은 자기파괴적인 방법이 필요했다. 이 글을 읽는 당신이 따라 하진 않았으면 좋겠지만 혹시 도움이 될지도 모르니 일단 나눠보겠다.

1. 알코올 – 알코올성 치매의 시작일까요?

술을 어느 정도 이상 마시면 필름이 끊기기 시작한 지 꽤 됐다. 며칠이 지나고 나서야 순간의 기억들이 한두 가지 떠올라 이불 킥을 하기도 하지만 그런 것들은 얼마 되지 않는다. 보통은 몇 시간이 그냥 통째로 날아가기 때문에 '너가 이랬어.'라는 말을 들어도 남의 일을 듣는 것 같다. 그리고 그 영향력은 다음 날, 그 다음 날까지 계속된다. 토할 것 같은 숙취와 멍함, 그 모든 것들이 머리를 어지럽혀 다른 힘듦은 잘 기억나지 않게 된다. 내가 무엇 때문에 술을 마시며 힘들어 했고 슬퍼했는지 조금 흐려지고 만다. 간과 뇌세포를 내어주는 대신 나는 무엇이든 잘 까먹는 사람이 되었는데 불행일까 다행일까. 어쨌든 술이 망각을 위한 좋은 도구인 것은 맞다.

2. 덮어쓰기 - 빡침은 빡침으로 잊어버리자

분노는 또 다른 분노로 덮어질 때 가장 확실하고, 슬픔은 더 큰 슬픔으로 잊힌다. 웃음이 눈물을 가리기란 어려운 일이다. 살면서 느끼는 분노의 일등 공신은 회사가 아닐까? 광화문에 위치한 첫 직장에서 스트레스로 인한 영양실조까지 얻은 나는 퇴사 이후에도 직장이 있던 광화문 근처에 갈 때마다 마음이 아주 불편했다 하지만 그 트라우마는 바로 옆에 위치한 로펌으로 이직했을 때 사라졌다. 더 이상 예전 직장에 낼 화가 남아 있지 않았기 때문이다. 현재의 피곤함과 짜증 때문에 과거의 감정이 떠오를 새가 없었다. 이제 난 그 전 직장 근처 식당에서 신나게 와인을 들이켤 수 있게 되었다.

회사만큼 날 화나게 하고 마음 아프게 할 수 있는 건 연애다. 이전 멘토가 해준 말이 있다. 헤어진 남자친구 생각 때문에 어딜 갈 때마다 마음이 아프고 괴롭다면 더 자극적인 연애를 하면 된다. 그러면 눈앞에 불을 끄기 위해 이미 꺼진 불과 재는 잊어버린다고. 멘토는 농담으로 한 말이었지만 나는 '오호?' 싶었다. 그러고 보니 종종 그런 식으로 조금씩 이전의 기억들을 지웠고 꽤 효과가 있었다. 속상했던 기억의 얼룩은 행복이나 어떤 긍정적인 감정보다 더 해로운 사람으로 잘 닦여 나간다. 생각해보라. 술자리에서 몇 시간 연락이 되지 않던 남자친구가 의심되어 힘들었던 기억이 있더라도, 회식 후 24시간 동안 잠수 탄 새로운 남자친구가 나타난 순간 그 3~4시간 정도는 아무것도 아닌 일이 되지 않았나.

여전히 거슬리는 흉터를 지우기 위해선 아픈 레이저 치료가 필요하다. 그 레이저가 새로운 흉을 남기더라도. 위의 두 팁들은 어쩌면 내가 여전히 때때로 슬프다는 말이다.

"망각하는 자는 복이 있나니, 자신의 실수조차 잊기 때문에." 망각을 축복이라 여겼던 니체의 명언이다. 내가 잊고 싶었던 건 어쩌면 할머니를 잃은 슬픔이 아니라 할머니가 떠나는 그 순간에 같이 있어 드리지 못했다는 죄책감일 수도 있다. 또 지난 인연에 대한 원망이 아니라 망가진 관계에 대한 후회일 수도 있다. 잊고 싶은 게 어느 쪽이었는지조차 흐려진 지금에 오기까지 나는 열심히 망각했다. 절망 후에도 도전해야 하고 실연 후에도 꿈꿔야 하는 도시 사람은 응당 그래야 한다.

> 어떤 생각이나 감정에(특히 부정적인) 매몰되어 끊임없이 그것을 반복하는 것을 반추라고 합니다.
> 반추를 멈추고 망각하기 위한 당신만의 팁이 있나요?
> _____

7. 한 치 앞도 모를 땐 딱 한 치 미만만 보고

조급한 마음을 달래주는 작은 단위

'한 치 앞도 모르는 인생'이란 표현에서 '한 치'가 얼마인지 아는가? 약 3.01cm라고 한다. 시간이 지날수록 가장 크게 깨닫는 인생의 진리는 내가 진정으로 통제할 수 있는 것은 딱 한 치 앞, 굳이 시간으로 환산하자면 나의 향후 30초 미래라는 것이다. 귀차니즘을 이겨내고 노트북을 열어 글을 쓰기 시작하는 순간, 잠든 강아지를 쓰다듬으며 행복을 느끼는 순간, 커피를 내리며 커피향이 코를 찌르기 시작하는 순간, 고단한 하루 끝에 시원한 생맥주 한 모금을 들이키는 순간. 정말 찰나의 순간이지만 그 30초 동안만큼은 내 미래를 제어하여 행동함으로써 그 한 치 앞 미래가 가져다주는 감정의 첫 맛을 가장 잘 느낄 수 있게 된다.

요즘 시대의 핵심 키워드는 '불안'이라고 해도 과언이 아니다. AI의 도래로 당장 내 눈앞의 현실이 바뀐 건 아니지만 너나 할 것 없이 기계에 대체되는 삶을 두려워하고, 아직 일어나지 않은, 실제로 일어날지도 알 수 없는 막연하고 먼 미래에 대한 두려움이 우리 사회를 엄습하고 있다. 나만 해도 오늘 하루 보람차게 일하고 친구와 즐겁게 저녁식사를 하다가도 '미래에 우린 뭘 해먹고 살 것인가'라는 주제가 나오면 한없이 심각해진다. 치열하게 고민했던 오늘의 일이 대체되거나 무용해질 수 있다는 생각이 들면 지금 내가 배움을 쌓고 성장하고 있는 게 과연 어떤 의미가 있는 것인지에 대한 의문까지 들게 한다.

멀리 내다보고 미래를 상상하며 오늘을 계획하고, 도전하는 것에 재미를 느끼고, 무언가를 하려는 열정과 의지가 생기던 나였다. 그런데, 30대가 넘어가니 내가 막연하게 그리던 미래의 그림들이 다양한 현실의 문제와 상황에 부딪혀 낙오되는 경험을 했다. 미래의 불확실함은 맞서 도전해야 하는 것이 아니라 내가 통제할 수 없어 수용해야만 하는 거시적인 흐름으로 느껴지는 날이 더 많아졌다. 그러다 보면 한 치 미만에 놓인 소중한 순간들을 놓치기 쉽상이었다. 당장 부족한 것이 없고, 불행해야 할 이유가 단 하나도 없음에도, 원래 보이지 않아 마땅한 한 치 앞에 무엇이 숨겨져 있을지 몰라 두려워하며 불안에 떨고 있는 격이다.

    이런 나의 생각을 귀신같이 알아챈 유튜브 알고리즘은 최근 들어 나에게 법륜 스님의 영상을 많이 추천해줬다. 법륜 스님의 말씀을 듣다보니 나의 '한 치 미만 행복' 철학과 일맥상통하는 부분이 많다. 법륜 스님의 신념에 힘입어 더 확신을 갖게 된 이후, 인간의 불행은 욕심에서 비롯된다는 말로 스스로를 다스리며 한 치 미만에서 찾을 수 있는 행복이라도 온전히 느끼며 감사할 수 있도록 훈련하고 있다. 처음에는 '모든 욕심을 버리면 어떤 동력으로 앞으로 나아가지?' 하는 딜레마에 빠져 한없이 무기력해지고 우울감이 들었었는데, 수많은 고민 끝에 내가 서른 즈음에 정의한 '욕심을 버린다'의 의미는 '분에 넘치는 기대를 하지 않는다'로 정리되었다.

    다시 말해, 내 행복 저울의 영점을 내가 통제할 수 있는 한 치 앞 30초 안에 두는 것, 즉, 초단기 행복에 집중하는 것이다. 그러다 보면 지금 이 순간 내가 행복하면 내일도 행복할 것이란 기대를 하지 않게 된다. 기대를 하지 않는다고 해서 기대가 되지 않는다는 부정적인 의미는 결코 아니다. 오늘, 지금 바로 이 순간 행복한 것으로 충분하다고 그 순간 생각하고, 저장하고, 가던 길을 마저 가는 것이다. 오늘 사랑을 속삭이며 입맞추었던 연인이 내일 떠나간다고 해도 그건 내 한 치를 초과한 일, 통제 밖의 일이다. 마치 예상할 수 없는 교통사고와 같은 것이다. 그렇기에 지금 함께하고 있는 이 순간, 함께한 것만으로 충분히 행복하다고 온전히 느낀 후 저울을 영점에 다시 맞춰 두고 나면, 내일도 똑같이 행복하고 사랑할 수 있을때 다시 쌓이는 것이다. 영점을 다시 맞춰두지 않으면 행복에 대한 기준치가 한없이 높아져 어느 순간 절대 도달할 수 없는 행복의 벽을 마주하게 된다. 그렇게 행복의 역치를 위로 높게 쌓는 것이 아니라 한 치, 두 치, 세 치 모아 길게 이어두면 지나고 뒤돌아 봤을 때 난 참 행복한 사람이란 걸 깨달을 수 있게 된다.

처음부터 한 치 미만의 행복을 온전히 느끼기는 어렵다. 하지만, 한 치 미만에 몰입하기가 쉬워지는 때가 있다. 바로 사랑하는 이들과 시간을 보낼 때이다. 우리 집에는 이제 만 5살이 된 초코 푸들이 있다. 강아지를 처음 키우다 보니 처음 데리고 왔을 때부터 강아지가 너무 사랑스러운 것과는 별개로 이 친구가 나보다 먼저 세상을 떠날 것이 확실한 상황에서, 향후에 다가올 이별을 어떻게 마주할 수 있을지에 대한 두려움이 당장의 행복감을 억누르는 순간들이 있었다. 강아지를 보고 있으면 너무 사랑하는 마음과 찢어질 듯 아픈 마음이 공존하여 혼란스러웠던 초보 견주인 나로서는 한 치 미만의 행복 철학을 수행할 수밖에 없었다. 이별에 대한 생각이 엄습할 때마다 지금 당장 내 눈앞에 있는 강아지에게 사랑한다고 소리내어 말한다. 강아지의 두 눈을 똑바로 바라보며 사랑한다고 말하고 안아주면 강아지도 나에게 자기도 내가 주는 사랑을 잘 알고 있다고, 그래서 행복하다고 답해주는 것만 같다.

사랑하는 사람과 예정된 긴 휴가가 있을 때에도 나는 떠나기 전 최대한 방해가 될 만한 부정적인 생각을 비우고 그 시간을 온전히 느끼고 내 마음 속에 저장할 수 있도록 저장 공간을 확보해 두는 편이다. 그리고 그 시간을 함께하면서 너무 좋고 행복하다는 표현을 꼭 입 밖으로 꺼내어 내뱉는다. 마음속으로 혼자 생각하는 것보다 실제로 그 한 치 미만의 행복을 느끼는 순간에 소리내어 표현하면, 당장 느끼는 행복감에 더욱 몰입할 수 있을 뿐 아니라 그 순간에 이름표를 붙여주듯 각인되어 기억 속에 오래오래 저장된다.

다들 나의 '한 치 미만 행복' 개똥철학을 함께 수행해볼 마음이 생겼나요?
지금 당장 떠오르는 작은 단위의 행복은 무엇이 있나요?

_____

8. 그네에서 잘 내리는 방법

언제 그만둬야 하는지 모르던 때를 지나오며 배운 것

현소현재　　　　용두용미를 위해선 뭐든지 마무리가 중요한 법이다. 그네 또한 그렇다. 그네에 걸터앉아 발을 굴러가며 조금씩 진자 운동의 범위를 넓혀 가다가 더 이상 올라갈 수 없을 것 같은 높이에 도달하고, '어어, 이러다가 한 바퀴 도는 거 아니야?'라고 느껴질 때쯤 조금씩 속도를 줄여나간다. 몸통을 돛으로 삼아 앞뒤로 열심히 움직여야 하는 상승 타이밍과는 달리 하강 타이밍에는 그저 가만히 앉아 서서히 위치 에너지가 운동 에너지로 전환됨을 느끼며 그네 타기의 마지막을 즐기면 된다. 하지만 이때처럼 그네가 완전히 멈춰 서기만을 기다린 후 한 발씩 내리는 것은 영 멋도 없고 재미도 없다. 뜨거운 것을 먹을 때 한참 동안 입김을 후후 불고 나서도 충분히 식었는지 혀까지 슬쩍 대 본 후에야 가까스로 호로록 입으로 가져가는 모양새랄까. 한 마디로 태가 안 난다는 뜻이다.

그네 타기에 태가 나는 것이 무슨 의미가 있냐고 물을 수 있지만 본래 놀이터는 어울림의 공간이요, 어울림에는 으레 화합, 이해, 포용뿐만 아니라 서로에 대한 곁눈질, 견제, 선망이 끊임없이 오가기 마련이다. 선망의 대상이 되면 그 어울림 안에서 유리한 위치를 점하게 되는 것은 당연지사. 또래 아이들과 재미나게 어울리는 것이 지상 최대의 과제이자 고민인 놀이터 이용객에겐 태가 나게 그네를 타는 것이 중요할 수밖에 없다. 그리고 그 태는 발을 땅에 직직 끌면서 그네를 멈추는 것이 아니라 정확한 높이에서 몸을 날려 가볍게 땅에 착지하는 것으로 완성된다. 그렇다고 너무 빨리 손을 떼면 타고 있던 그네의 추진력에 못 이겨 땅에 나동그라지기 십상이다. 하지만 적당한 높이에서 그네를 방아쇠 삼아 아름답게 포물선을 그리며 땅에 착지한 후, 아무렇지도 않다는 듯 일어나 유유히 다음 놀이기구를 타러 떠나는 한 어린이의 모습을 그려보아라. 과연 놀이터의 뭇 선망의 시선을 끌어모으는 우아함이 아닌가!

완벽한 마무리의 필수 요소는 적당한 추진력 및 탄력을 가진 상태에서 그네에서 손을 떼는 용기이다. 최근에 이탈리아 여행을 갔다가 케이블 카를 타고 올라간 해발 2,500m가 넘는 산 중턱에서 그네를 발견했다. 눈앞에 펼쳐진 호쾌한 경치를 즐기며 한참 동안 그네를 타다가 폴짝 뛰어내려 멋진 마무리를 하려고 하는데 글쎄 도무지 손이 떼어지지 않았다. 손을 놨다가 너무 멀리 날아가서 다치면 어떡하지? 여기 이탈리안데? 척추 다치면 수술비 1,700만 원인데 유럽에선 얼마지? 등의 다소 디테일하고 현실적인 두려움에 결국 마지막의 마지막까지 손을 놓지 못하다가 한 손에 그넷줄을 쥔 채로 뛰어내렸다. 몸을 날리자마자 불 보듯 뻔하게 미처 그넷줄에서 떼지 못한 손에서 마찰감과 열감이 올라왔다. 어찌저찌 착지한 후에 쓰라린 손바닥을 쓰다듬으며 뛰어내릴 적당한 타이밍에서 양손을 다 놓지 못한 것을 뒤늦게 후회했다.

용기와 결단이 부족해 적당한 타이밍에 어딘가에서, 무언가로부터, 누군가에게 손을 떼지 못하는 것이 그네뿐이랴. 첫 연애가 그랬다. 아이러니하게도 너덜너덜해질 만큼 질질 끈 탓에 인생 최장기간 연애가 된 첫 연애에서는 서로가 서로의 삶을 망가뜨리고 있다는 것을 알면서도 손을 놓지 못했다. 뜻하지 않게 상처를 주는 것이 아니라 상처를 주기 위한 분명한 목적으로 날 선 말을 했고 말랑했던 서로를 향한 애정에는 그 전의 상처가 아물기도 전에 새로운 생채기가 켜켜이 더해졌다.

헤어지자는 말이 상대방에게 상처가 된다는 걸 알기에 헤어질 마음이 없으면서도 이별을 고했고, 그때마다 한바탕 울며불며 밀어내고 붙잡고 붙잡히는 촌극이 펼쳐졌다. 아직도 주안역에서 헤어지자고 말하고 뛰어나가는 옛 남자친구를 잡으러 주안역 일대를 질주했던 기억은 잊혀지지 않는다. 그때는 사랑하기 때문에 떠난다는 말을 이해할 수 없었다. '사랑하는데 왜 떠나? 어떻게 떠나? 사랑이 다할 때까지 어떻게든 서로의 옆에 붙어 있는 게 사랑이지!'가 나의 신념이었다. 사랑하기 때문에 떠난다는 사람은 그 사람의 부족한 사랑을 들키고 싶지 않아 하는 비겁한 사람이라고 여겼다. 하지만 사랑을 핑계로 상처뿐인 만남을 지속했던 나는 사실은 이별 후의 공허함과 내게 밀려들 후회와 회한이 두려웠을 뿐이고, 소위 말하는 후폭풍이 두려워 더 거센 폭풍 안에서 나와 상대방을 학대했다.

결국 첫 연애는 서로의 몸과 마음이 너덜너덜해질 때까지 처절해지고 나서야 끝이 났고 미움이 지배한 이별은 미처 그네에서 손을 떼지 못해 남은 손바닥의 찰과상처럼 내게 상흔을 남겼다. 그 사람이 항상 헤어지자는 말을 꺼내기 전에 내 이름을 'ㅇㅇ야'라고 부르고 시작한 탓에 아직도 누군가 맥락 없이 내 이름을 다짜고짜 부르면 심장이 철렁하곤 한다. **내가**

조금 더 괜찮은 모습으로 내릴 수 있는 순간에 용기 있게 그네에서 훌쩍 뛰어내렸다면 어땠을까. 사랑하기 때문에 누군가를 떠나고 떠나보내는 사람은 비겁한 것이 아니라 가야 할 때가 언제인가를 분명히 알고 가는 아름다운 이였다. 영원히 멈추지 않을 것 같던 그네도 내가 눈을 딱 감고 뛰어내리고 나면 점차 진폭을 줄여나가다 언제 그랬냐는 듯이 제자리에 우뚝 멈췄을 것이다.

무언가를 잘 놓은 적도 있다. 나는 춤과 애증의 관계다. 좋아하지만 잘 추지 못하고, 잘 추지 못하니 스트레스를 받고, 스트레스를 받으니 좋아하는 마음이 사그라들다가도 어쩔 수 없이 다시 찾게 된다. 춤을 배우기 위해, 그리고 추기 위해 꾸준히 다녔던 여러 수업은 보통 춤을 취미 이상으로 하는 수강생들의 수준에 맞춰져 있어서 춤이 풀타임 직장인의 n가지 취미 중 하나였던 내겐 대부분 벅찼다. 수업에 갈 때마다 거울 속의 나와 선생님, 혹은 다른 수강생을 비교하며 느끼는 절망감이 항상 찰박찰박 발목께에 차 있었고, 모니터링을 한답시고 찍은 영상을 보며 느끼는 자괴감이 절망의 수위를 얕은 발길질로는 해결이 어려운 허리춤까지 높이기도 했다. 그럼에도 가끔 선물처럼 만나는 음악과 몸의 합치되며 느껴지는 짜릿함, 안 되던 동작을 해냈을 때의 성취감, 온전히 몸의 움직임에 집중하며 느껴지는 해방감이 그 스트레스와 절망감의 웅덩이를 떠날 수 없게 잡아두는 닻이 되었다.

그날도 뉴욕의 유명 댄스 스튜디오인 Broadway Dance Center의 재즈 펑크 클래스를 들으러 갔다. 재즈 펑크는 내가 익숙한 장르는 아니었지만, 뉴욕에 와서 몇 번 들어보기도 했고, 시간이 맞는 다른 클래스도 딱히 없어서 우선 배워나 보자 하는 마음으로 스튜디오에 들어섰다. 수업이 시작되었고 언제나 그렇듯이 진도는 내가 익힐 수 있는 것 대비 약 두 배 정도 빠른 속도로 진행되었다. '재즈'와 '펑크'가 합쳐진 장르명이 무색하지 않게 균형 감각이 좋지 않은 내가 가장 피하고 싶어 하는 턴이 계속 나왔고, 평소에도 오른쪽 왼쪽을 자주 헷갈리는 내가 가장 어려워하는 복잡한 잔발 스텝이 여러 번 반복되었다. 턴-스텝-턴-스텝 다시 턴-턴. 어떻게든 스텝을 외우려고 머릿속으로 발의 순서를 되뇌이고 턴을 하며 균형을 잡으려 새끼발가락까지 힘을 줘도 자꾸만 스텝이 꼬이고 중심을 잡지 못해 휘청거렸다. 수업이 진행되는 내내 절망감과 스트레스의 웅덩이는 점점 수위를 높여 허리를 지나 어깨를 넘었고 마침내는 정수리 끝까지 차올랐다.

90분의 클래스 중 50여 분이 흐르고 쉬는 시간이 되었다. 다들 목을 축이며 한숨 돌리고 있는 와중에 나는 그네에서 내렸다. 짧다면 짧고 길다면 긴 춤 인생에서 처음으로 수업 중간에 가방을 싸서 스튜디오를 나왔다. 스튜디오를 나서고 마침내는 건물을 빠져나오면서까지 패배감과 나에 대한 실망감에 얼굴이 화끈거렸다. 하지만 타고 온 자전거를 몰고 다시 집으로 향하며 시원한 강바람을 맞는 순간 정수리 끝까지 차올랐던 절망의 웅덩이가 장마철 수문을 개방한 듯 시원하게 빠져나가며 안도감이 찾아왔다. 그네에서 잘, 내린 것이다. 어떻게든 클래스에 남아 있었다면 분명 얻을 수 있었던 것도 있을 것이다. 안 되던 턴을 한 번 더 성공했을 수도 있고 클래스 후반부에 생각지도 못하게 맘에 쏙 드는 구간을 배웠을 수도 있다.

하지만 재밌자고 탄 그네가 더 이상 재밌지 않을 때, 어지럼증에 휘청이기 전에 그넷줄을 움켜쥐고 있던 손을 놓음으로써 모랫바닥에 뒹굴지 않고서 그네를 내려올 수 있었다. 우스갯소리로 나와의 싸움에서 진다면 또 다른 나는 이긴 게 아니냐는 말이 있다. 나는 칼을 뽑았으면 무라도 베어야 한다는 신념으로 어떻게든 클래스를 끝까지 들으려는 내가, 나를 잠식하는 스트레스로부터 나를 한시바삐 해방시키려는 또 다른 나에게 지면서 결국 마음의 평정심을 유지하려는 싸움에서 이길 수 있었다. 그날 망설임 끝에 그네에서 내리며 느낀 해방감은 아마 쉽게 잊히지 않을 것 같다.

> 오랫동안 잡고 있던 무언가를 그만두면서 후련했던 기억이 있나요?
> _____

9. 비타민계의 에르메스 주세요

힘겨운 날에 어른들이 부리는 사치

열 살 때 처음으로 씨앗을 심어 보았다. 씨앗이 자라나는 과정을 관찰 일지로 만들어야 하는 숙제 때문이었다. 첫 반려 식물은 우리 집 베란다에 놓여 있었고 나는 하루가 다르게 변해가는 식물을 보며 몽글몽글한 감상에 젖곤 했다. 어느 날 옆집 이웃이 놀러왔다. 그 집 아들은 나와 동갑내기로 같은 학교를 다니는 애였는데, 워낙 개구쟁이에다가 성격도 괄괄해서 나란히 살면서도 친해지지는 못했었다.

그리고 그날 재앙이 일어났다. 그 애는 우리집에 오자마자 유치한 말로 나를 골리기 시작했다.(아마 같이 놀고 싶어 그랬던 것 같다) 나는 그게 귀찮고 싫어서 화분이 있는 베란다로 도피했다. 오늘은 식물이 얼마나 더 자랐는지 들여다보며 혼자 놀고 있는데 어느새 그 애가 베란다로 따라 들어왔다. 그리곤 갑자기 나의 화분을 위로 들어올리더니 창 밖으로 탈탈 쏟아버렸다. 우리 집은 13층이었고 연약한 나의 식물은 뿔뿔이 흩어지며 낙하했다. 눈앞에서 순식간에 벌어진 일에 나는 자지러지듯 울기 시작했다. 식탁에서 담소를 나누고 있던 우리 엄마와 그 애 엄마가 조르르 베란다로 달려왔다.

  그 이후는 잘 기억이 나지 않는다. 한참을 주체하기 어려운 감정에 빠져 있었던 것만큼은 선명하다. 도대체 왜 이런 일이 일어나야 하는 건지, 다시 되돌릴 수 없는 일이라는 사실에 좌절했다. 나는 열흘을 내리 울었다. 처음에 엄마는 나의 슬픔에 공감해주었다. 그 애를 집으로 초대한 것이 화근이라고, 미안하다고 내게 사과를 하기도 하셨다. 그러나 슬픔에 빠져 있는 기간이 길어질수록 공감은 이해 못 함으로 바뀌었다. 나는 결국 혼이 나고 말았다. 엄마는 이제는 그만 울어야 한다며 슬픈 감정을 놓아주라고 단호하게 말씀하셨다. 힘든 일은 언제든 일어날 수 있으므로, 이겨내는 법을 알아야 한다고. 그러나 내가 주체할 수 없는 슬픔에 길게 빠지는 일은 또 다시 일어났다. 일본군 위안부 할머니들의 이야기를 알게 되었을 때라던지, 처음 이사를 가 친구들을 떠나게 된 일이라던지… 그때마다 결국 참다 못한 엄마에게 혼이 나는 것으로 상황은 종료되었다.

 어른이 된 후 엄마와 이 에피소드를 다시 추억한 적이 있다. 당시 엄마는 걱정스러우셨다고 한다. 식물이 죽은 일로 열흘을 진빠지게 울어채는 아이를 보며 이 험난한 세상을 도대체 어떻게 살려고 할까 싶으셨다고 한다. 엄마가 생각하는 아이다움이란 눈물을 쏙 빼더라도 자고 일어나면 언제 그랬냐는 듯 신나는 하루를 보내는 것이었는데, 이놈의 막내딸은 한 번 슬픈 감정에 빠지면 도무지 리셋되지 않아 속을 태웠다고 한다. 그래서 엄마는 저 아이가 커가면서 감당하지 못할 정도의 시련은 결코 겪지 않게 해달라고 기도하셨단다.

 그러나 어른이 되어서 알게 된 것이 있다. 그때의 나는 아이다웠기 때문에 감정에 충실할 수 있었다는 것을 말이다. 마음이 아프다는 걸 곧바로 알아채고 그 감정에 푹 빠질 수 있다는 것은 어린이의 특권일 수 있다. 성인이 될수록 힘든 티가 나지 않는 방향으로 변해간다. 사실 어린이 시절의 나는, 나를 혼내는 엄마가 의아했다. 마음이 힘들면 우는 게 당연한 거 아닌가. 잠시 괜찮다가도 다시 떠오르면 또 눈물이 날 수도 있지 않나 생각했었다. 그러나 나도 예외 없이 어른이 되어 보니 운다는 건 왠지 무너지는 것처럼 느껴지는 것이다.

　최근 머리에 쥐가 나는 기분을 자주 느꼈다. 회사 일의 압박감이 상당하면 으레 생기는 현상이었다. 거기다 갑작스런 해외 출장까지 잡혔는데 출장지에서 일어날 일들이 아득했다. 아무것도 준비된 것이 없는 채 일단 해내고 오라는 회사의 지령이 떨어졌다. 마음은 당연히 힘들었으나 어린이였을 때처럼 운다고 해서 달라지는 건 없기 때문에, 이제는 울며 안 된다는 소리를 듣기에도 무색한 나이가 됐기에 그냥 묵묵히 짐을 쌌다. 어쩌겠어 그렇다고 그만 둘 수도 없잖아? 백발 노인이 되서 돌아오면 산재 처리는 되나요? 같은 시덥지 않은 농담 따위나 하고 다녔다.

　대신 비싼 영양제에 돈을 썼다. 죽이 되는 밥이 되든 부딪혀봐야 하기 때문에 과부하가 걸린 정신 대신 몸이 버텨줄 수 있는 방법으로 선회한다. 고됨의 진폭에 따라 소비 금액이 늘어나 비타민계의 에르메스라는 값비싼 영양제를 먹어보기도 한다. 먹는 순간 몸이 부르르 떨릴 만큼 약효가 강해서 이런 거를 먹어도 되나? 합법인가? 싶은 생각도 들지만 그만큼 확실한 효과가 있는 것 같아 중요한 일 앞두고는 부적처럼 챙긴다.

그런 마음으로 출장지로 가는 비행을 앞두고 공항 면세점을 들렀다. 가장 눈에 들어오는 건 정관장 홍삼이었다. 이미 가방 속에 비타민계의 에르메스를 한 박스를 챙겨 두었지만 왠지 코리안에게는 홍삼도 있어야 될 것 같다. 분명 몇 년 전까지만 해도 공항 면세점에 오면 명품 브랜드의 향수나 화장품을 사고 싶어 기웃거렸었는데⋯ 이제는 다 모르겠고 출장지에서 아프면 안 된다는 생각 뿐이다. 휴대용으로 하나씩 짜서 먹는 홍삼 한 박스를 가격도 안 보고 허겁지겁 결제하려는데 회사 동료와 우연히 마주친다. 동년배인 그녀도 창백한 얼굴로 홍삼부터 찾아온 모양이다. "홍삼 사러 오셨어요?"라고 그녀에게 말을 붙여보니, "부디 살아서 돌아오고 싶네요."라는 말이 돌아온다. 자조적인 농담에 함께 킥킥거리다 보니 긴장이 풀린다.

그러곤 합리적인 금액의 위스키 한 병도 함께 쟁여둔다. 잠이 안 올 때 한 잔씩 마실 요량이다. 일이 많아 녹초가 되면 잠이 잘 올 것 같은데 이상하게 그런 날에 잠이 더 안 온다. 긴장 상태가 오래되면 몸이 각성이 돼서 그런 것 같다. 예전에 KT&G에서 홍삼과 담배를 같이 판다는 걸 알고서 이건 무슨 개그인가 생각한 적이 있다. 담배 피고 나빠진 건강을 홍삼으로 퉁치자는 건가. 그런데 내가 산 면세품을 보다 보니 그게 내 마음이었다 싶다. 정신적 긴장감을 풀고 싶은 마음과 절대 아프면 안 된다는 생각이 동시에 든다. 매년 정관장 광고에는 안성기부터 정해인까지 광고주라면 한 번쯤 섭외하고 싶은 배우들이 한꺼번에 나와 누군가의 건강을 정성 어리게 챙기는 스토리를 보여준다. 예전에는 '광고 참 따뜻하고 좋다' 생각하고 지나쳤겠지만 지금은 이런 생각이 든다. 정관장은 대체 돈을 얼마나 벌길래 저 몸값 높다는 배우를 쓸까, 나 같은 소비자가 대체 얼마나 많길래. 그 와중에 면세점 홍삼이 국내에 유통되는 제품보다 홍삼 함유량보다 높아 효능이 좋다는데 이마저도 화나지도, 슬프지도 않고 '그럴 수 있지' 하고 받아들이는 씁쓸한 맛이 참 홍삼스럽다.

어른으로 자라났다고 해서 막막한 일 앞에서 울고 싶은 마음이 사라진 건 아니다. 그저 낙하해버린 나의 반려 식물처럼, 세상에는 내가 이해할 수 없는 것들과 어쩌지 못하는 일들이 많다는 것을 깨달았을 뿐이다. **이제는 어린아이처럼 매번 슬픈 감정에 깊이 빠지는 사치 대신, 비싸고 씁쓸한 위로를 구매하는 또다른 사치를 누리게 되었다.** 건강이 농축되어 있는 씁쓸한 맛의 영양제는 뽀빠이의 시금치처럼 힘이 솟을 것 같고, 씁쓸한 뒷맛의 알코올은 긴장의 끈을 빠르게 풀어준다.

어른들은 비싼 영양제와 고급 알코올 앞에서 연대한다. 알코올을 마시지 않는다면 영양제는 덜 챙겨도 되지 않을까 싶기도 하지만, 오늘 하루를 버텨내기 위해선 '절대 아프면 안 된다.'라는 다짐과 잠깐만이라도 긴장을 풀고 싶은 마음이 함께 찾아온다. 힘듦의 농도가 짙을수록 부리는 사치도 커져간다. 어느새 명품 화장품 코너는 지나치고, 비타민계의 에르메스를 찾아 달려가는 자신을 발견할 수도 있다.

> 오늘 어떤 사치로 하루를 넘기셨나요?
> _____

10. 묘비명은 뭐로 할래?

죽음에 대해 생각하면 오늘의 나를 알 수 있다

때는 바야흐로 한적한 토요일 오전 11시 35분. 점심을 먹으러 거실로 나왔더니 엄마가 꽤나 심각한 표정으로 TV를 보고 계셨다. 같이 보자시길래 소파에 앉았다. TV 프로그램에서는 9.11 테러를 다루고 있었는데, 내가 본 첫 장면은 비행기가 쌍둥이 빌딩을 강타한 그 순간이었다.

그 후로 한 시간 동안 밥을 먹겠다는 생각도 잊은 채, 엄마와 나는 숨죽여 9.11테러가 누구에 의해, 왜, 어떻게 발생했고 어떤 결과를 불러일으켰는지 생생한 자료 화면과 함께 지켜보았다. 무고한 시민들의 죽음, 휘황찬란한 세계의 중심지에서 한순간에 폐허가 되어버린 뉴욕, 삼류 영화에서나 보던 장면이 현실로 벌어졌을 때 처참한 사람들의 표정, 빌딩 속에 갇힌 채 너무 뜨겁다고 외치는 마지막 목소리들. 2001년 9월 11일은 세계 2차 대전 이후 하루에 가장 많은 사람이 죽은 날이라고 한다. 오후 1시가 다 되어가는 시점에 프로그램은 끝이 났고, 밥 생각이 사라진 지는 오래였다.

그 다음 날, 약속 장소에 가기 위해 지하철을 탔다. 본격적으로 더워지기 시작한 날씨 탓에 지하철 칸칸마다 노후화된 에어컨이 힘겹게 차가운 바람을 내고 있었다. 내가 탄 열차 칸의 천장에서는 물이 흐르고 있었고, 마치 전기라도 통할 것처럼 불빛이 아슬아슬하게 지지직거리고 있었다. 그리고 무슨 이유 때문인지 알 수는 없지만 열차는 역사를 출발하고 얼마 못 가 멈춰 섰다가 다시 출발하기를 반복했다. 순간 대구 지하철 참사가 떠오르며 이 순간 불이 나서 내가 여기에 갇히면 어떡하지 하는 공포감이 나를 삼켰다.

사실 '죽음'이라는 개념은 평소 나에게 심심치 않게 불쑥 찾아왔다가 이내 물러나곤 하는데 그 빈도가 적지 않다. 아직 가까운 주변인의 죽음을 많이 경험하기엔 어린 서른 초반의 나이지만, 그 몇 안 되는 경험이 죽음에 대한 안테나를 세우게 했다. 동시에 '내가 헛되이 보낸 오늘은 어제 죽은이가 가장 갈망하던 내일'이라는 클리셰를 몸소 느끼게 하기도 했다. 지난한 삶에 지치다가도, 그 클리셰를 떠올리면 아픈 곳 없이 살아 숨쉬고 있다는 것만으로도 감사하다는 마음이 든다. 이런 마음가짐으로 살다보면 크고 작은 일에 감정을 쉽게 끌어내리거나 미련을 두는 법이 없다 보니 사람이 조금 무던해진다. 한 친구는 나를 금강불괴라고 부르기도 한다.

하지만 최근 뉴스나 미디어를 통해 일련의 사고로 인한 죽음을 접하면서 평소와는 달리 단순히 '죽음'이 아닌, 죽음을 맞이하는 '환경'에 대해 사유하게 되었다. 그러면서 어차피 언젠가는 죽을 텐데, 선택권이 있다면 나는 어떻게 죽고 싶은가? 라는 괴상한 질문이 떠올랐다. 물론 건강하게 오래오래 살다가 아프지 않게 자연사로 죽는 것이 가장 호상이겠지만, 불의의 사고나 죽음이 코앞으로 다가온 환경을 맞이하게 된다면? 가까운 친구와 이런 생각을 나누다 보니 극강의 '죽음의 방법' 밸런스 게임을 하게 되었다. 어차피 죽는다라는 결론을 전제로 깔았을 때, 어찌할 도리가 없이 완전히 절망적인 환경에서 체념한 채 죽음을 맞이 하는 것 vs. 그래도 살 수 있다는 희망이라도 가져볼 수 있는 환경에서 마지막까지 살아낼 여지를 찾아 아등바등하다 죽는 것. **어떤 방식이 내게 더 나은 죽음일까?**

나는 무조건 후자를 고를 것이다. 갇힌 공간에서 재난이나 사고로 맞이하는 죽음보다는, 차라리 창문을 열고 뛰어내릴 '시도'라도 해볼 수 있는 불난 빌딩에서의 투신이 내게는 덜 괴로운 선택지이다. 안 될 확률이 99.9%라도 0.1%의 희망을 갖고 시도하는 것이, 안 될 확률 100%인 것보다 낫지 않은가? 그에 반해 친구는 너처럼 용쓰다 죽느니 그냥 일찌감치 체념하고 죽음에 몸을 맡기는 게 낫다며 질색을 했다. 그러면서 말했다. 그냥 살아가는 것도 상당히 괴로운데 죽음 목전에서까지 애쓰며 괴로워하고 싶지 않다고, 차라리 죽음 100%의 환경에서 가만히 눈을 감겠다고. 우리는 서로의 묘비명에 '용쓰다 죽은 애'와 '일찌감치 목숨을 위임한 애'로 남겨주기로 하고 깔깔 웃었다. 마치 그 순간이 오면 선택권이라도 주어질 것처럼 원하는 죽음의 방법을 논의하면서 이렇게나 유쾌할 일인가 싶었지만, 한없이 무거워질 수 있는 주제를 웃으며 짚어봄으로 인해 평소 나의 성향과 행동 패턴에 대해서도 돌아볼 수 있는 계기가 되었다.

친구는 결정적인 순간에 체념할 수 없는 것이 두렵다고 한다. 그래서 미래의 어떠한 결정에 순응하더라도 후회하지 않기 위해 매일의 일상을 풍성히 느끼려고 한다. 나에게는 오히려 체념할 수밖에 없는 상황에 놓이는 것이 가장 두려운 순간이다. 결국 끝을 맞이한다 하더라도 '이렇게 하면 살 수도 있을 것 같다'라는 0.1%의 희망을 갖고 엄습하는 두려움을 넘어 어떠한 시도를 할 수 있는 상황이라면, 나는 기꺼이 '용쓰다' 죽고 싶다. 그리고 그러한 마음으로 어떤 힘든 상황에서든 최선의 몸부림을 친다. 사람마다 어떻게 죽음을 맞이하고 싶은지는 다를 것이다. 이 생소한 주제를 들여다보다보면 오늘 나의 두려움과 삶을 살아내는 힘의 모양을 확인할 수 있다.

> 당신은 체념파인가요, 발악(?)파인가요?
> 당신의 묘비명은 무엇이었으면 좋겠나요?
> _____

11. 기꺼이 찧는 엉덩방아

성숙한 사랑은 온다

나의 십 대와 이십 대는 초여름 같은 연애들로 가득 차 있었다. 속절없이 달아오른 열기에 진땀을 훔쳤다가 갑자기 쏟아지는 소나기를 피하지 못해 우왕좌왕하다가, 땀인지 비인지 모를 것에 흠뻑 젖어 옅은 몸살을 앓던 시간들이 지겹게도 계속됐다. 쉽게 사랑에 빠졌고 내일이 없는 것처럼 진심을 쏟았다. 그러나 결정적인 순간에는 자존심과 두려움을 이기지 못해 도망쳤다. 쉽게 빠진 만큼 더 쉽게 돌아서고 체념했다. 여러 번의 연애 끝에 남는 건, 내 안에 불협화음처럼 깃들어있는 전 애인들의 자아밖에 없었다. 점점 사랑은 소란스럽고 소모적인 놀이에 불과하다 느꼈다. 놀이가 끝나고 나면 나는 조금 늙어 있었다.

격렬했던 사랑(들)과 이별(들)을 뒤로하고 맞은 삼십 대는 놀랍게도 평화로웠다. 무던한 사람과의 연애를 시작했고, 잔잔하게 그러나 진지하게 관계를 발전시켜 나갔다. 서로를 각자의 입맛에 맞게 바꾸려고 하지 않았고, 상대를 위해 바뀔 생각 역시 없었다. 다른 점을 대화로 조율하였고, 조율되지 않는 다름은 존중하려 했다. 따져 묻고 싶은 것이 있어도 삼킬 줄 알았고, 지키지 못할 약속은 하지 않았다. 큰 격동 없는 선선한 날들이 이어졌고, 우리는 4년의 연애를 끝으로 부부가 되었다. 사랑은 서로를 갉아먹는 애착이 아닌 같은 곳을 향해 나란히 걸어가는 것임을 몸소 느꼈다. 비로소 어른이 된 것 같았다.

 우리는 합리적이고 동등한 부부 관계를 위해 일찌감치 준비했다. 완만한 연애를 했지만 결혼 생활은 관계의 새로운 국면임을 알았기에, 먼저 결혼한 선배들의 조언을 발판 삼아 갈등이 잦다는 사안들에 대해 꼼꼼하게 규칙을 세워나갔다. 기본적으로 효도는 셀프지만, 한 달에 한 번 서로의 부모님과 식사하기로 합의했다. 집안일도 각자의 장기를 살려 공평하게 나눴다. 나는 요리와 화장실 청소를, 그는 설거지와 분리수거를 담당했다. 또 동등한 금액의 개인 생활비를 씀으로 서로의 소비에 간섭하지 않기로 했고, 나머지 수입은 공동 계좌에 저금하여 함께 운용하기로 했다. 단, 부부로서 경제적 공동체가 되어 함께 가계를 꾸린다는 것이 모든 것을 동등하게 나눠야 한다는 뜻은 아니라는 것에 동의했다.

나는 우리가 부지런히 다진 이 균형 잡힌 체계가 자랑스러웠다. 동등하게 기여하고 소비하고 보상받는 관계에선 누구도 억울하거나 우쭐하지 않았다. 뚝배기 속에서 침을 섞고, 얼룩진 거울에 비친 서로의 얼굴을 바라보며 양치를 하고, 한 이불을 덮고 잠드는 사이에 아무도 억울하거나 우쭐하지 않는다는 건 매우 중요했다. 결혼은 사랑이자 우정이자 의리이자 다짐이자 전쟁이자 맹목이었고, 자꾸만 변모하는 이 관계의 형태에서 균형만큼 중요한 것이 없다 생각했다.

그리고 얼마 지나지 않아 이것이 얼마나 어리석은 생각이었는지 깨달았다.

어느 날 우리는 낡은 소파 위에서 낡은 싸움을 하고 있었다. 우리의 평화를 위협하는 몇 안 되는, 결론 없이 반복되는 싸움이었다. 꿈도 호기심도 많은 그는 불확실한 미래로 성큼 나아가려 했고, 그때마다 겁도 의심도 많은 나는 익숙한 현실을 더욱 필사적으로 움켜쥐려 했다. 그는 미래에 대해 얘기하고 싶었고, 나는 현재에 대해 얘기하고 싶었다. 그에게 안정이란 마음가짐에서 비롯되는 것이었고, 나에게 안정이란 손으로 만져지는 것이어야 했다. 그는 나에게 신뢰를 원했고, 나는 그에게 책임을 원했다. 궁극적으로 원하는 삶은 같을지라도 그곳에 도달하는 방식이 매우 다른 우리였다. 그리고 이것은 서로를 깊이 사랑한다고 해도 쉽게 바뀔 수 있는 부분이 아니었다.

승자 없는 싸움이 계속됐다. 우리는 서늘한 눈빛으로 서로를 비난했고, 맹렬한 침묵으로 각자의 고통을 호소했다. 서로를 말없이 노려보고 있은 지 오 분쯤 지났을 때 침묵을 깨며 그가 말했다. 나는 너의 무조건적인 믿음이 필요해.

순간 말문이 턱 막혔다. 4년의 연애 기간 동안 한 번도 듣지 못했던 말이었다. 그는 처음으로 나에게 무엇이 필요하다고, 간절하게 그리고 정확하게 말하고 있었다. 간단하게 들리지만 곱씹어보면 어마무시한 선언이었다. 애정도 아닌, 이해도 아닌, 배려도 아닌, 믿음이라니. 심지어 무조건적인 믿음이라니. 그리고 그 믿음이 필요하다니. 차라리 별을 따다 달라고 하지….

펼치고 싶은 반론들이 순식간에 목구멍 끝에 장전됐다. 시작은 변명이었다. 무조건적인 믿음은 아니어도 나는 당연히 너를 믿는다고. 믿음 없이 어떻게 내가 미국 생활을 정리하고 우리의 미래를 위해 한국으로 왔겠냐고. 다음은 호소였다. 나는 세상만사에 냉소적인 사람이라고. 하물며 나 자신도 믿지 못하는데, 기껏해야 가까운 타인일 뿐인 너를 어떻게 무조건 믿겠냐고. 하늘을 초록색으로 보라는 것처럼 물리적으로 불가능한 일이라고. 마지막은 원망이었다. 나는 우리를 위해 이미 수많은 타협을 해 왔는데, 왜 나에게 이런 무리한 요구를 하냐고. 이미 여러 번 해왔기에 익숙해진 변명이자 호소이자 원망이었다.

그러나 장전된 따발총이 무색하게 아무 말도 나오지 않았다. 내 안에서 팽팽하게 당겨져 있던 끈 하나가 툭 하고 맥없이 끊어져 버리며 많은 것이 한층 선명해졌다. 나는 짧게 대답할 수밖에 없었다. 그러겠다고.

깨달았기 때문이다. **사랑하는 사람이 무엇인가가 필요하다고 간절하고 정확한 언어로 말할 때, 나는 온전히 무력해질 수밖에 없다는 것을.** 그가 떨리는 목소리와 말간 눈으로 '필요'라는 단어를 뱉는 순간, 내게는 한 가지 선택지밖에 남지 않는다는 것을. 타당한 이유 뒤에 숨는 대신 필사적으로 노력할 수밖에 없으리라는 것을. 그것이 무조건적인 믿음처럼 거의 불가능한 것일지라도. 그걸 위해 평생 당연하게 지녔던 가치와 문신처럼 새겨진 성향을 바꾸게 될지라도. 그리고 그 노력을 날숨을 내쉬듯 쉽고 담담하게, 무엇보다 기꺼이 하게 되리라는 것을.

복잡한 논리와 거창한 다짐이 필요한 일이 아니었다. 그냥 무조건 믿으면 되었다. '그치만'이나 '그러면' 같은 단어들은 낄 자리가 없었다. 그리고 그 순간 아슬아슬하게 유지되던 시소의 균형이 내 쪽으로 기울며 나는 쿵 하고 낙하했다. 힘을 빼고 있었으면 조금 덜 아팠을 텐데… 얼얼한 엉덩이와 함께 가뿐한 숨이 쉬어졌다. 사랑하는 사람 앞에서 느끼는 온전한 무력감은 신기하게도 편안했다. 아니, 편안함을 넘어 해방감까지 느꼈다. 무력한데도 두렵지 않을 수 있다는 것을 처음 알았다.

이 깨달음은 찰나에 나를 관통했다. 불교에서 '찰나'란 손가락을 한 번 튕기는 시간을 65개로 쪼갠 것이고, '억겁'은 선녀의 비단 치마가 스쳐 바위산이 다 닳아 없어지는 데까지 걸리는 시간이 억 개 모인 것이라는데. 찰나의 깨달음을 억겁 동안 실천하는 것이, 그렇게 오늘과 내일, 다음날과 다다음날, 그 사이의 억겁의 순간들 속에서 끊임없이 노력하고 실패해도 도망치지 않는 것이 결혼인가… 하는 데까지 생각이 미쳤다.

오래전 읽었던 문장 앞에서 잠시 골똘해졌던 적이 있다. 사랑이란 어쩌면 함께 웃는 것이 아니라 한쪽이 우스워지는 것일지도 모른다는 문장이었다. 이제서야 고개가 끄덕여지는 문장이다. 우스워진다는 것과 우스운 것에는 어떤 차이가 있는지, 상대를 위해 기꺼이 우스워질 수 있다는 것이 얼마나 무거운 축복인지, 조금은 알 것 같다.

그러고 보니 놀이터에서 뛰놀던 어린 시절에는 아무도 가르쳐주지 않았어도 모두가 자연히 알고 있었던 사실이었다. 올라가는 사람이 있으면, 내려오는 사람도 있어야 한다는 것은 시소의 기본 원리였다. 내려오는 사람은 엉덩방아를 찧으며 꺄르르 웃었고, 올라갔던 사람은 다시 내려오기 위해 기꺼이 몸에 무게를 실어주었다. 그렇게 올라갔다 내려오고, 또 내려왔다 올라가며 놀이가 완성됐다. 단 한 순간도 이 놀이가 소란스럽고 소모적이라 생각하지 않았다. 어떤 균형은 무너지는 순간 비로소 완성된다.

　너무 당연해서 생각해 볼 필요도 없던 이치가 시간이 흘러 돌연한 통찰로 나타날 만큼 나는 거꾸로 자라고 있었나. 합리적인 연인이고 싶었고, 자로 잰 듯이 반듯한 관계의 균형을 지켜내고 싶었다. 그것이 어른의 사랑이자 이상적인 부부 관계라 믿어 의심치 않았다. 더 이상 누군가에게 흠뻑 젖고 싶지도, 내 모든 걸 내주고 싶지도, 누군가의 밑바닥까지 들여다보고 싶지도, 나를 바꾸고 싶지도 않았다. 그것은 한여름처럼 지나고야 마는 청춘의 사랑이라 여겼고, 청춘은 나를 늙게 만들지 않았나.

　다시 한번 진짜 어른의 사랑이 무엇인지 생각한다. 그리고 의외로 그것은 아이의 사랑과 많이 닮아 있다고 느낀다. 시소에서 떨어져 엉덩방아를 찧으면서도 웃음을 터뜨릴 수 있는 아이에게는 천진하면서도 명징한 용기가 있다. 겁 많고 의심 많은 어른에게는 없는 용기가. 어쩌면 우리에게 필요한 것은 섣부른 균형이 아닌 용기가 아닐까. 필요한 것에 대해 간절하고 정확하게 부탁할 수 있는 용기와 흔쾌히 자신을 내려놓을 수 있는 용기. 주저하지 않고 깨부술 수 있는 균형이야말로 평생 지켜낼 가치가 있는 균형이지 않을까.

나는 이제 내 모든 것을 기꺼이 내주고, 또 타인의 모든 것을 기꺼이 받아들일 수 있는 그런 사랑을 꿈꾼다. 아슬아슬한 줄다리기 대신, 유쾌한 엉덩방아에 가까운 그런 사랑 말이다. 사랑에 빠질 때도 용기가 필요하지만, 사랑을 유지할 때는 더 큰 용기가 필요한 법이다. 그 어느 때보다 용기가 필요한 순간이다.

단숨에 만들어지는 것이 아닌, 하루하루 유지하는 사랑은 쉽게 늙지 않는다.

> 당신은 어떻게 사랑을 유지하나요?
> _____

에필로그

누아르박

시절 인연처럼 시절 생각이 있는 것 같습니다. 시절 인연들과 함께 시절 생각들을 꾹꾹 담은 책을 낼 수 있다니, 달빛을 손에 가둔 것처럼 뿌듯합니다.

도 리

여러 명이 모여 교환 일기를 쓰기 시작한 지 어느덧 3년이 지났습니다. 그 사이 저는 결혼도 하고, 얼마 전 예쁜 딸도 낳았습니다. 빠르게 흘러가는 시간 속 흩어졌다고 생각한 그때의 생각과 감정들이, 이 일기장 속에 그대로 남아 있는 것 같아 기쁩니다.

권현재

이 글들을 쓰며 항상 머릿속 한 귀퉁이에 넣고 다녔던 <글감 노트> 덕분에 '재밌었다, 신기했다, 슬펐다'와 같은 평면적인 감상으로 끝날 뻔했던 서 말의 구슬을 다채롭게 엮을 수 있었습니다. 엮어낸 구슬을 목걸이로 꿰어준 누아르박 대장님과 편집자님께 진심으로 감사드립니다.

강히로

우리의 글들은 청년 요금제가 곧 끝나는 시기의 서툰 어른들이 저마다의 균형을 찾아가는 성장기라는 생각이 들었습니다. 이젠 어른스러워져야겠지… 하다가도, 아니? 그럴 수 없어 하며 변덕이 들끓는 이 시기를, 글을 매개로 공감해 준 친구들 덕분에 귀엽고 어여쁘게 바라볼 수 있을 것 같습니다.

희 조

그때의 나, 그때의 우리. 이 글들로 여린 날의 위태로움을 다 품을 수 있으면 좋겠습니다. 왜냐하면 우리는 아직 살 날이 100년은 더 남았기 때문이죠.

안기원

단숨에 써내려간 거친 글들을 막상 세상에 내놓으려니 자꾸만 단어 하나하나를 곱씹으며 예쁘게 다듬게 됩니다. 덕분에 글이 둥글고 선해집니다. 덕분에 나도 내 글을 닮은 사람이 되고 싶어집니다.

김세라

제가 가까운 친구들과 함께 글을 쓰며 큰 위로 받았던 것처럼, 소소한 일상에서 느꼈던 것들이 누군가에게 심심한 위로가 되었으면 하는 마음에 부끄러움을 무릅쓰고 제 일기장을 꺼내놓습니다.